O TEXTO LITERÁRIO
por uma abordagem interdisciplinar

EDITORA AFILIADA

COMITÊ EDITORIAL DE LINGUAGEM
Anna Christina Bentes
Edwiges Maria Morato
Maria Cecilia P. Souza e Silva
Sandoval Nonato Gomes-Santos
Sebastião Carlos Leite Gonçalves

CONSELHO EDITORIAL DE LINGUAGEM
Ana Rosa Ferreira Dias (PUC-SP/USP)
Ângela Paiva Dionísio (UFPE)
Arnaldo Cortina (Unesp – Araraquara)
Clélia Cândida Abreu Spinardi Jubran (Unesp – Rio Preto)
Fernanda Mussalim (UFU)
Heronides Melo Moura (UFSC)
Ingedore Grunfeld Villaça Koch (Unicamp)
Leonor Lopes Fávero (USP/PUC-SP)
Luiz Carlos Travaglia (UFU)
Maria das Graças Soares Rodrigues (UFRN)
Maria Luiza Braga (UFRJ)
Marli Quadros Leite (USP)
Mônica Magalhães Cavalcante (UFC)
Regina Célia Fernandes Cruz (UFPA)
Ronald Beline (USP)

Dados Internacionais de Catalogação na Publicação (CIP)
(Câmara Brasileira do Livro, SP, Brasil)

Adam, Jean-Michel
   O texto literário : por uma abordagem interdisciplinar / Jean-Michel Adam, Ute Heidmann ; organizador da tradução João Gomes da Silva Neto ; coordenador da tradução Maria das Graças Soares. -- São Paulo : Cortez, 2011.

   Título original: Le texte littéraire : pour une approche interdisciplinaire.
   Bibliografia.
   ISBN 978-85-249-1818-6

   1. Discursos literários 2. Gêneros literários 3. Intertextualidade 4. Linguística aplicada 5. Literatura comparada I. Heidmann, Ute. II. Título.

11-08040   CDD-809

Índices para catálogo sistemático:
1. Textos literários : Literatura   809

Jean-Michel ADAM
Ute HEIDMANN

O TEXTO LITERÁRIO

por uma abordagem interdisciplinar

Revisão científica:
João Gomes da Silva Neto

O TEXTO LITERÁRIO: por uma abordagem interdisciplinar
Jean-Michel Adam • Ute Heidmann

Capa: aeroestúdio
Preparação de originais: Nair Hitomi Kayo
Revisão dos arquivos digitais: Sylvia Coutinho Abbott Galvão
Revisão: Amália Ursi
Composição: Linea Editora Ltda.
Coordenação editorial: Danilo A. Q. Morales

Nenhuma parte desta obra pode ser reproduzida ou duplicada sem autorização expressa dos autores e do editor.

© 2011 by Autores

Direitos para esta edição
CORTEZ EDITORA
Rua Monte Alegre, 1074 – Perdizes
05014-001 – São Paulo – SP
Tel.: (11) 3864-0111 Fax: (11) 3864-4290
e-mail: cortez@cortezeditora.com.br
www.cortezeditora.com.br

Impresso no Brasil – agosto 2011

Sumário

Prefácio 9

INTRODUÇÃO ■ Por uma abordagem interdisciplinar dos textos. 13
   1. Ciências da linguagem e ciências literárias............................ 13
   2. Dos gêneros de discurso à genericidade: seis proposições ... 18
      2.1 Todo texto participa de um ou de vários gêneros 18
      2.2 Os gêneros são tão diversos quanto as práticas
         discursivas 21
      2.3 Os gêneros são práticas normatizadas, cognitivamente
         e socialmente indispensáveis... 22
      2.4 Os gêneros são categorias dinâmicas em variação......... 24
      2.5 Os gêneros existem apenas no âmbito de um sistema
         de gêneros 25
      2.6 A genericidade envolve todos os níveis textuais e
         transtextuais 26

CAPÍTULO 1 ■ As mutações genéricas de uma estranha história... 31
   1.1 Entre *exemplum* e história trágica: uma novela de
      Jean-Pierre Camus 32
   1.2 Tragédia do destino (Werner), artigo de jornal (Kleist) e
      contos (Grimm) 42
      1.3 Contos de medo e contos de advertência 54

CAPÍTULO 2 ■ Dos Grimm a Andersen: as transformações de um gênero 61

2.1 Contar de outra maneira: uma poética da diferença 62

2.2 "O isqueiro", de Andersen, e "A luz azul", dos Grimm: análise comparativa 67

CAPÍTULO 3 ■ Variações em torno de uma pequena ervilha 78

3.1 Andersen contra Grimm 78

3.2 "A prova das pequenas ervilhas" 89

3.3 "A Princesa sobre a pequena ervilha" 94

    3.3.1 Análise textual e comparativa das traduções do primeiro parágrafo 94

    3.3.2 Análise textual da continuação da narrativa 102

3.4 Dois projetos narrativos e genéricos diferentes 104

CAPÍTULO 4 ■ Coletânea e cotextualidade 108

4.1 "O isqueiro" e "A Princesa sobre a pequena ervilha" relações cotextuais 111

4.2 "O pequeno Claus e o grande Claus": uma lição de semiótica 117

4.3 "As flores da pequena Ida": a função explicativa da ficção narrativa 119

4.4 Inversão dos signos e ambivalência da narrativa 124

CAPÍTULO 5 ■ Coletânea e intertextualidade 126

5.1 "Sonnet d'automne" [Soneto de outono], em *As flores do mal* de 1861 127

5.2 Um soneto monótono 131

    5.2.1 Sistema e disseminação da rima em /al/ 134

5.2.2 Rima em /it/ e anagramatização progressiva da
         palavra-tema 135
   5.2.3 Flutuações correferenciais e disseminação do
         intertexto 136
5.3 A intertextualidade difractada do *Fausto*, de Goethe,
    traduzido por Nerval 140
   5.3.1 Incidências sobre o cotexto anterior 140
   5.3.2 Incidências sobre o cotexto posterior 143

CAPÍTULO 6 ■ Ler-traduzir um texto de Franz Kafka: genericidade,
    cotextualidade e intertextualidade 149
6.1 A etapa filológica do estabelecimento do texto 150
6.2 Traduzir o "texto-Kafka" 154
6.3 Análise textual 165
6.4 Análise cotextual e intertextual: Kafka, leitor de Nietzsche 172

EPÍLOGO ■ Homenagem a Henri Meschonnic 175

EDIÇÕES DE REFERÊNCIA 179

REFERÊNCIAS BIBLIOGRÁFICAS 183

Prefácio

O texto literário: por uma abordagem interdisciplinar, de Jean-Michel Adam e Ute Heidmann, é entregue ao público de língua portuguesa como um sopro fresco e revigorante que impulsiona os estudos do texto. Trata-se da terceira publicação de Jean-Michel Adam pela Cortez Editora, também responsável por duas outras publicações anteriores: a primeira, intitulada *A linguística textual: introdução à análise textual dos discursos* (2008), constitui a tradução de *La linguistique textuelle: introduction à l'analyse textuelle des discours* (2008), e a segunda, *Análises textuais e discursivas: metodologias e aplicações* (2010),[1] é uma coletânea que reúne textos escritos por, além do próprio Jean-Michel Adam, outros pesquisadores: Ute Heidmann, Dominique Maingueneau, Maria das Graças Rodrigues Soares, Luis Passeggi e João Gomes da Silva Neto (2010).[2]

Os dois autores deste volume são professores na Universidade de Lausanne (Suíça), a partir de onde têm difundido suas pesquisas, em inúmeras publicações e conferências, em vários países. Jean-Michel Adam é um dos maiores especialistas da área dos estudos do texto e do discurso, com quase duas dezenas de livros sobre o tema e numerosos artigos, com traduções para várias línguas. Ute Heidmann, professora de literatura comparada e diretora do Centro de Pesquisas e Ensino em Línguas e Lite-

---

[1]. Traduções realizadas pelo grupo de pesquisas "Análise Textual dos Discursos — ATD", com sede na Universidade Federal do Rio Grande do Norte, Natal, Brasil.

[2]. Coletânea organizada por Maria das Graças Rodrigues Soares, Luis Passeggi e João Gomes da Silva Neto.

raturas Europeias Comparadas, dentre suas inúmeras publicações, propõe um método comparativo diferencial e discursivo, elaborado para a análise dos gêneros, da tradução e das (re)escrituras dos mitos gregos e dos contos. Um passar de olhos nas referências bibliográficas deste volume já propicia um panorama da vasta produção dos autores, enquanto antecipa, de certo modo, a leitura dos trabalhos aqui desenvolvidos, na medida em que revela a erudição e a pertinência do intertexto e do interdiscurso — retomando a conceituação que aqui exploram —, a partir dos quais são elaboradas suas análises e teorizações.

Nesta obra, os autores apresentam uma proposta de sistematização de elementos teóricos e metodológicos que conduzam os estudos do texto e do gênero à superação dos efeitos redutores da clivagem conceitual, terminológica e procedimental que, por várias razões, tem separado as abordagens literárias e linguísticas do texto literário. Essa proposta, embora concreta e já em curso em vários segmentos de pesquisa das duas áreas, tem-se disseminado, em vozes ainda fragmentadas, nos dois campos em questão. Trata-se de vozes consistentes e engajadas em concepções amplas e integralizantes relativas aos estudos da língua, do texto e do discurso, considerados em perspectivas que ressituam e ressignificam o texto literário em suas dimensões pragmáticas, históricas e culturais, ampliando-se, assim, a percepção analítica-leitora-compreensiva da tríade autor-texto-leitor. Para tanto, os autores avançam no campo conceitual dessas áreas com um aparato teórico-metodológico que se mostra eficaz e operatório, na medida em que propicia análises finas e, ao mesmo tempo, densas e operatórias, em que a caracterização e o funcionamento do discurso literário são descritos e interpretados, sem que se perca de vista a dimensão linguística do texto. Decorre, daí, que a obra literária, repensada como objeto de análise em suas virtualidades genéricas, tem sua natureza textual explicitada e melhor delimitada em sua configuração linguística e discursiva, uma vez que é posta em perspectiva diferencial, relativamente ao cotexto, ao contexto e ao interdiscurso, na sua historicidade não só de leitura, mas também de edição e tradução. Em outras palavras, tem-se, sob esse olhar, um objeto de discurso historicamente situado e, portanto, sujeito às circunstâncias de sua própria história — que é, em última instância, compreendida em função de suas condições de leitura e de circulação, no tempo e no espaço, nas sociedades que o instituem no campo genérico dos textos literários. Nessa perspectiva, tem-se, ainda, um objeto que não é analisado como "um texto à parte", prisioneiro de preceitos uniformizantes da tradição canônica, da historiografia literária ou da crítica literária, apenas.

Tem-se, então, com mais esta obra de Adam e Heidmann, uma alternativa científica que pretende ir além das abordagens a partir das quais o texto literário tende a ser percebido, num trato analítico conduzido conforme uma vertente unilateral dos estudos literários que, em princípio, não leva em conta a dimensão linguística do texto — ficando-se, quase sempre, em discussões ensaísticas voltadas para os sentidos do texto (ou seus efeitos — estéticos, lúdicos, afetivos), mas sem que se adentre na questão visceral: afinal, o que, no texto, faz com que se percebam tais sentidos e efeitos? É justamente esse trato analítico que os autores, com suas pesquisas, pretendem revisar e superar, aproximando-o da abordagem linguística e comparativa diferencial, numa interlocução multidisciplinar em que as duas áreas, linguística e literatura, são convocadas para uma tarefa comum: operar a análise textual dos discursos em textos literários. Dessa forma, a obra literária tem seu estatuto revisto e já não mais fica reduzido a um objeto cultural portador ou representante de uma configuração discursiva "distinta e singular", materializada no texto literário, mas é redimensionado, por intermédio da perspectiva analítica proposta, na sua relação com os infinitos discursos que caracterizam a natureza humana em suas práticas de linguagem verbal.

Assim, repensado em função de sua reconfiguração genérica, tem-se o resgate do texto literário na sua relação com as várias imposições circunstanciais que o instituem como objeto sócio-histórico e cultural. Para tanto, com o que chamam "uma abordagem interdisciplinar dos textos", os autores trazem, na confluência dos campos da linguística e dos estudos literários, a abordagem comparatista, enquanto avançam com conceitos como transtextualidade, interdiscurso e diálogo intergenérico de textos, ao mesmo tempo em que revisitam e atualizam vários outros já consagrados nos estudos do texto e do discurso. Nas análises, os autores exploram exaustivamente vários textos clássicos que têm marcado a literatura ocidental, observando-os em sua historicidade, enquanto consideram sua genericidade nos níveis textuais e transtextuais, sem perder de vista as questões de edição e tradução, entre outros aspectos instigantes aos estudiosos da temática.

Retomando os mesmos procedimentos adotados nas duas publicações anteriores, a tradução procura trazer para o público de língua portuguesa o estilo dos autores, a um só tempo erudito e didático, em que o fluxo copioso de reflexões e informações mantém a atenção do leitor, com objetividade e notável capacidade de síntese. Para isso, ao longo da obra, o raciocínio dos estudos é desenvolvido em capítulos equilibrados e inter-relacionados, ao mesmo tempo em que é, oportunamente, sistematizado e ilustrado com representações gráficas de quadros e esquemas que sintetizam as análises e os avanços teóricos. Essa preocupação com o esclarecimento do leitor vem com a remissão pontual às notas de rodapé, sempre rigorosas e suficientes.

Esta obra de Adam e Heidmann é destinada a pesquisadores, professores e estudantes interessados nos estudos de língua, texto e discurso, notadamente àqueles preocupados com a abordagem do texto literário nos meios acadêmicos e educacionais. Nesse sentido, evidencia-se a relevância da contribuição dos autores para subsidiar as pesquisas e as discussões realizadas na tradição dos estudos para a escolarização do texto literário. Ademais, essa contribuição ganha mais substância, na medida em que vem reforçar as atuais linhas de pensamento que pretendem revisar a natureza dos conteúdos sobre literatura no ensino de língua portuguesa, para o qual se toma por unidade didática o texto e, por extensão, os gêneros. O aparato teórico e analítico aqui apresentado traduz-se, nesse sentido, em subsídios de primeira mão para alimentar estudos nas áreas de Letras, Linguística, Teoria Literária, Filosofia e Educação e, além disso, aponta caminhos operatórios para o desenvolvimento de metodologias de pesquisa e de ensino.

Com este volume, Adam e Heidmann nos oferecem um enriquecedor passeio por novas maneiras de estudar e compreender a língua, o texto, o discurso e, dessa forma, a literatura.

Aos nossos leitores, portanto, um profícuo estudo!

Natal, abril de 2011
João Gomes da Silva Neto
Programa de Pós-Graduação em Estudos da Linguagem
Universidade Federal do Rio Grande do Norte
Grupo de Pesquisa "Análise Textual dos Discursos" — ATD

Introdução
Por uma abordagem interdisciplinar dos textos*

1. Ciência da linguagem e ciências literárias

Enquanto podia-se crer, no final do século XX, que o corte institucional entre estudos das línguas e estudos literários tornaria definitivamente impossível o diálogo desses domínios disciplinares, quase a cada ano, desde 2002, temos sido convidados para colóquios que reúnem linguistas e estudiosos da literatura. Em abril de 2002, em Bergen, participávamos do seminário dos polifonistas escandinavos: "Polifonia — linguística e literária". Em setembro do mesmo ano, em Cerisy-la-Salle, por iniciativa de Ruth Amossy e Dominique Maingueneau, o lugar da análise do discurso nos estudos literários estava no centro dos debates. A obra resultante desse colóquio — *L'analyse du discours dans les études littéraires* (Amossy e Maingueneau, 2003) — dá uma boa ideia da "virada discursiva" dos estudos literários na qual se inscrevem as pesquisas que temos reunido na presente obra. Em outubro de 2003, na Universidade de Toulouse-le-Mirail, Michel Ballabriga, François-Charles Gaudard e François Rastier haviam escolhido um belo título plural: "Literaturas e linguísticas". Em maio de 2004, no âmbito do Centro de Pesquisas em Línguas e Literaturas Europeias Comparadas, dirigido por Ute Heidmann, organizamos, na Universidade de

---
* Traduzido por Luís Passeggi e Maria das Graças Soares Rodrigues.

Lausanne, um colóquio cujo objetivo era prolongar a dinâmica do colóquio de Cerisy, aprofundando a reflexão epistemológica sobre as condições mesmas da interdisciplinaridade (*Sciences du texte et analyse de discours. Enjeux d'une interdisciplinarité*, Adam; Heidmann, 2005). Em setembro de 2004, participamos, na Universidade de Bolonha, de um colóquio de predominância anglo-saxônica: "Pour une approche linguistique de l'art verbal: théorie et pratique" (*Language and Verbal Art Revisited. Linguistic Approaches to the Literature Text*, Miller; Turci, 2007). No fim do mês de agosto de 2005, no contexto das universidades de Copenhague e de Roskilde, o congresso dos romanistas escandinavos dedicou um importante lugar ao tema "Literatura e linguística". Em outubro de 2007, na Universidade de Franche-Comté, com "Linguistique & littérature. Cluny, 40 ans après", a um retorno crítico sobre o célebre colóquio de Cluny, em 1968, foi consagrado um grande colóquio (a ser publicado nas edições P. U. de Franche-Comté). Em maio de 2008, Claire Badiou-Monferran organizou, na Sorbonne, uma jornada de estudos intitulada "Littérature et linguistique en dialogue: réflexions sur la critique française des *Contes* de Perrault" (cujas atas serão publicadas brevemente na coleção "Au cœur des textes").

Provenientes de áreas bem diferentes, esses numerosos encontros internacionais provam que as relações entre os pesquisadores linguísticos e literários estão, nesse início do século XXI, a despeito do que dizem alguns, sempre atualizados. Resta a ser apresentado, no entanto, um quadro epistemológico que poderia constituir uma nova aliança. É sobre isso que trabalhamos, ao desenvolver uma reflexão sobre a interdisciplinaridade que opomos tanto à simples justaposição pluridisciplinar, quanto à fusão transdisciplinar, hoje na moda. Essa dinâmica de pesquisa é, claro, confrontada com um certo número de dificuldades. De um lado, os trabalhos linguísticos, cada vez mais especializados, privilegiam mais *corpora* orais que escritos. De outro, certos professores de literatura desconsideram, cada vez mais, a língua e a questão da linguagem em benefício do vasto e vago domínio dos "estudos culturais".

Para dizer de outro modo, o "e" que une "linguística *e* literatura" exprime, muito raramente, o contínuo de um pensamento da linguagem que foi o de Wilhelm von Humboldt, de Roman Jakobson ou do Círculo de

Bakhtin. Esse pensamento do contínuo não se encontra mais hoje, a não ser nos trabalhos de Henri Meschonnic e de Harald Weinrich. Esse "e" tornou-se, de fato, a linha de uma descontinuidade acentuada por uma lógica institucional que divide os saberes e os fixa nas disciplinas autônomas, preocupadas — para não dizer enciumadas — com o traçado de suas fronteiras. Como deplorava Jean-Louis Chiss, num colóquio interdisciplinar consagrado às relações entre "literatura e ciências humanas", "Apesar das tentativas de 'articulação', da vontade 'interdisciplinar' [...], não se chega a pensar e a ensinar a relação da língua (das línguas) com a literatura (as literaturas) numa teoria da linguagem" (Chiss, 2001, p. 149).[1] Essa pesquisa de um pensamento do contínuo da linguagem passa, em nossa opinião, pelo reconhecimento da natureza discursiva do fato literário e, mais amplamente, da linguagem humana em geral. Pensamos, como Henri Meschonnic (1999, p. 222), que a literatura "faz-se na ordem do discurso e requer conceitos do discurso". A extensão do campo da análise de discurso aos textos literários exige competências cruzadas que convidam o linguista a deixar a estreiteza de seus *corpora* e o comparatista a situar suas análises interlinguísticas e interculturais o mais próximo da língua de cada texto. Os ensaios reunidos neste volume — e profundamente revistos nesta ocasião — testemunham esse cruzamento de competências e de olhares tornados possíveis por um acordo sobre a importância dos gêneros de discurso e da metodologia da comparação. Com Dominique Maingueneau e Gilles Philippe, consideramos a comparação como um meio de escapar ao fechamento do texto que preside a abordagem da explicação de textos e que foi reforçada pelas correntes estruturalistas:

> Privilegiamos, além disso, as análises comparativas, abordagem estranha aos comentários estilísticos e às explicações de textos tradicionais, que focalizam os extratos como totalidades autossuficientes. Parece-nos, com efeito, que a confrontação é esclarecedora: obras que parecem muito diferentes podem se revelar próximas, outras que são consideradas de uma mesma

---

1. Por esse modo de referência que adotamos no texto e nas notas, remetemos à bibliografia unificada ao final do volume. O nome do autor, a data da publicação e o número da página permitem encontrar, simplesmente, as referências.

estática podem divergir consideravelmente. De maneira mais ampla, a comparação permite atrair a atenção sobre os fenômenos que, sem isso, teriam sido negligenciados. (Maingueneau; Philippe, 1997, p. V)

Ute Heidmann estabeleceu relação entre o comparatismo e a análise de discurso ao elaborar uma teoria da comparação diferencial, cujo interesse epistemológico é mostrado por Silvana Borutti (2005) no epílogo de *Sciences du texte et analyse de discours*. Os estudos que aqui seguem esclarecem a vantagem heurística de levar em conta as diferenças tão comumente negligenciadas em favor das semelhanças e de pretensos universais na análise das línguas, das literaturas e das culturas. Ao lembrar a necessidade de trabalhar sobre a dimensão linguageira e textual dos fenômenos culturais, Ute Heidmann propõe um método comparativo que permite considerar um texto e suas traduções como tantas enunciações singulares que constroem, cada uma, seus efeitos de sentido ao ligarem-se de forma significativa ao seu próprio contexto sociocultural e linguístico. A relação entre texto original e traduções se dá como um diálogo intertextual entre as línguas e as literaturas. Esse diálogo intertextual é, em parte, integrante do perpétuo diálogo entre as línguas e as literaturas teorizado por Bakhtin, diálogo que a comparação diferencial tem por tarefa evidenciar.

Nossos trabalhos inscrevem-se numa continuidade do programa de remembramento dos estudos literários delineado, em 1978, por T. Todorov, em *Les genres du discours*:[2]

> Um campo de estudos coerente, no momento repartido impiedosamente entre semanticistas e literatos, sociolinguistas e etnolinguistas, filósofos da linguagem e psicólogos, demanda, pois, ser reconhecido onde a poética cedeu seu lugar à teoria do discurso e à análise dos gêneros. (Todorov, 1978, p. 26)

Uma consequência maior decorre dessa proposição: os gêneros literários são um caso, entre outros, no "sistema de gêneros" de uma dada sociedade, e nosso objeto de estudo não mais diz respeito exclusivamente

---

2. Essa parte da introdução retoma os argumentos desenvolvidos num de nossos artigos, publicado no n. 79 de *La Licorne*, coordenado por Raphaël Baroni e Marielle Macé ("Six propositions pour l'étude de la généricité", P. U. Rennes, 2006, p. 21-34).

à poética literária. A poética não pode, no entanto, ceder seu lugar à análise de discurso a não ser que esta última seja capaz de inscrever a abordagem dos textos literários e as questões de poética em seu programa interdisciplinar. Como diz, ainda, T. Todorov,

> Cada tipo de discurso, classificado, habitualmente, de literário, tem "parentes" não literários que lhe são mais próximos que todo outro tipo de discurso "literário". [...] Assim, a oposição entre literatura e não literatura cede lugar a uma tipologia dos discursos.
> [...] Em lugar de apenas a literatura, aparecem, agora, numerosos tipos de discurso que merecem, da mesma forma, nossa atenção. Se a escolha de nosso objeto de conhecimento não é ditada por puras razões ideológicas (que seria preciso, então, explicitar), não temos mais o direito de nos ocupar de apenas subespécies literárias, mesmo se nosso lugar de trabalho chama-se "departamento de literatura" (francesa, inglesa ou russa). (Todorov, 1978, p. 25)

A maior parte dos estudos dos gêneros permanece dominada por uma problemática literária.[3] A análise de discurso assumiu os gêneros de discurso por objeto quando, desde os anos 1980, ela tem, considerado, cada vez mais, a diversidade das manifestações das atividades discursivas humanas. A questão dos gêneros era central na revisão que propunha, em 1987, D. Maingueneau (1987, p. 23): "Os enunciados pertencentes à AD apresentam-se, com efeito, não apenas como fragmentos de língua natural ou desta ou daquela formação discursiva, *mas também como amostragens de um certo gênero de discurso*". Em seu artigo "Análise do discurso", do *Dicionário de análise do discurso*, ele retorna ao que dizia em 1987, ao sublinhar o fato de que "pela primeira vez na história, *a totalidade* dos enunciados de uma sociedade, apreendida na multiplicidade de seus gêneros, é convocada a se tornar objeto de estudo" (Charaudeau; Maingueneau, 2002, p. 45). Esse vasto programa de pesquisa deve permitir superar o textualismo, como diz justamente J.-M. Schaeffer, em seu artigo sobre o conceito de *Texto*:

---

[3]. Ver o artigo "Genres littéraires", J.-M. Schaeffer, no *Nouveau dictionnaire encyclopédique des sciences du langage* (1995), G. Genette (2001), ou o n. 79 de *La Licorne*, que limita o "Savoir des genres" [saber dos gêneros] ao campo literário, estreitamente definido.

Na medida em que toda atividade de textualização inscreve-se no âmbito de um gênero discursivo específico (determinado pragmaticamente), multiplicar os estudos detalhados de gêneros particulares deveria [...] permitir evitar as extrapolações abusivas como as teorias do texto o fizeram. (Schaeffer, 1995, p. 520-529)

Nossa posição teórica e metodológica sobre o estudo dos gêneros pode ser resumida por uma série de seis proposições que, sem ser hierarquicamente ordenadas, representam seis razões para superar o conceito bastante estático de gênero em benefício do de genericidade.

2. Dos gêneros de discurso à genericidade: seis proposições

2.1 Todo texto participa de um ou de vários gêneros

Embora contestada pela estética de B. Croce e pela modernidade literária inscrita na posteridade de M. Blanchot, essa primeira proposição é partilhada por um filósofo da desconstrução, como J. Derrida (1986, p. 264), quando declara: "Não há texto sem gênero", o que completamos com a seguinte afirmação: desde que há texto — isto é, conhecimento do fato de que uma sucessão de enunciados forma um todo de comunicação —, há efeito de genericidade — isto é, inscrição dessa sucessão de enunciados numa classe de discurso. F. Douay-Soublin, linguista especialista em retórica, considera a teoria dos gêneros como um domínio de reflexão prioritário em linguística e afirma: "assim como há línguas, *há gêneros*, é preciso admitir" (Douay-Soublin, 1994, p. 22). Nós completamos essa asserção precisando que as línguas e os gêneros são indissociáveis na manifestação textual e discursiva da linguagem. M. M. Bakhtin insistiu na função reguladora conjunta da língua e dos gêneros da linguagem:

O locutor recebe [...], além das formas prescritivas da língua comum (os componentes e as estruturas gramaticais), as formas do enunciado não menos prescritivas para ele, isto é, os gêneros do discurso — para uma inteligência recíproca entre locutores, esses últimos são tão indispensáveis quando as formas da língua. (Bakhtin, 1984, p. 287)

Todo efeito de texto, em qualquer língua que seja, nas suas manifestações escritas ou orais, ordinárias ou artísticas, é acompanhado de um efeito de genericidade que depende de vários regimes de genericidade. Ao longo de toda a história de sua produção e de sua mediação material (escritural manuscrita, impressa ou eletrônica, oral direta ou gravada), um texto sofre modificações autoriais e é, às vezes, acompanhado de comentários autoriais que afetam o que podemos chamar, como faz J.-M. Schaeffer, seu regime de genericidade autorial. Soma de escolhas sempre intencionais de posicionamento, num momento dado de uma história social e discursiva, na interferência de "fatores linguísticos, literários e culturais" (Schaeffer, 1989, p. 151), o regime de genericidade autorial é mais estável que o regime de genericidade leitoral. Com efeito, o plano de sua leitura/escuta-interpretação, todo texto é afetado, ao longo da história de sua recepção — isto é, de sua (re)contextualização —, pelas diferentes grades interpretativas que lhe são aplicadas. As grades genéricas da situação de interpretação divergem com mais razão pelo fato de o tempo ter passado sobre um texto e as categorias socioculturais haverem-se modificado. O literato, o etnólogo, o sociólogo e o analista de discurso são, em relação a esse ponto, confrontados com os mesmos problemas, apenas amplificados pela circulação própria à escrita.

Entre esses dois regimes, propusemos levar em conta a ação mediadora capital da difusão por intermédio de um meio escrito, numerado ou audiovisual.[4] As publicações sucessivas — às quais é preciso acrescentar as traduções responsáveis pela circulação internacional dos textos — introduzem modificações peritextuais e textuais que condicionam, em profundidade, a recepção e, portanto, a interpretação dos textos. Acrescentamos, pois, um *regime de genericidade editorial*, entendendo por isso todas as

---

4. Para os textos escritos, a mediação da edição é, hoje, o objeto dos especialistas da história do livro, da edição e da leitura, mas também dos filólogos e, mais recentemente, dos analistas do discurso que compreenderam a importância da materialidade discursiva. Ver, a esse respeito, Adam (2005).

instâncias de mediação dos fatos de discurso.[5] O que definimos como a *genericidade* de um texto resulta de um diálogo contínuo, sempre conflituoso, entre as instâncias enunciativa, editorial e leitorial.

Se as classificações dos textos nesses gêneros são, às vezes, difíceis, e se alguns podem com isso concluir que os gêneros não existem, é em razão de um fenômeno de heterogeneidade genérica constitutiva. A fim de dar conta da complexidade do impacto genérico sobre a discursivização, propusemos deslocar a problemática do gênero — como repertório de categorias às quais os textos são reportados — na direção de uma problemática mais dinâmica. Os conceitos de genericidade e de efeitos de genericidade permitem pensar, ao mesmo tempo, a discursivização e a leitura-interpretação como processos complexos. Os nomes de gêneros — "conto", "*Märchen*", "história trágica", "artigo sensacionalista", "epopeia" etc. — funcionam como etiquetas de pertencimento e têm a tendência a reduzir um enunciado a uma só categoria ou família de textos. A *genericidade* permite pensar a participação de um texto em vários gêneros.

Essa passagem do gênero à genericidade é, para nós, uma mudança de paradigma. O relacionamento de um texto, considerado em seu fechamento, com uma categoria genérica constituída geralmente em essência, difere profundamente da dinâmica sociocognitiva que nos propomos a pôr em evidência. Nessa perspectiva, é "menos examinar o pertencimento genérico de um texto que atualizar as tensões genéricas que o informam. Esse deslocamento do gênero para a genericidade põe em suspense toda a visada tipológica [e] permite contornar o obstáculo existencialista" (Dion, Fortier e Hagueraert, 2001, p. 17). Trata-se de abordar o problema do gênero menos como o exame das características de uma categoria de textos, mas levando em conta a evidência de um processo dinâmico de *trabalho* sobre as orientações genéricas dos enunciados. Esse trabalho se efetua, como sublinhamos anteriormente, sobre os três planos: da produção de um texto, de sua recepção-interpretação e sobre o plano intermediário, muito importante, de sua edição.

"E se fosse impossível misturar os gêneros?", pergunta-se J. Derrida (1986, p. 254) e ele responde, um pouco mais adiante, com a fórmula que

---

5. É o que, particularmente, desenvolvemos em Adam e Heidmann (2004).

escolhemos como título de nossa primeira observação: "Todo texto *participa* de um ou de vários gêneros" (Derrida, 1986, p. 264). Ao sublinhar o fato de que "Essa participação não é jamais um pertencimento" (ibid.), ele assume uma posição bem mais interessante que aquela que consiste em falar, após o romantismo e a favor da modernidade literária, de desaparecimento dos gêneros. A fragmentação dos gêneros, como mostram G. Genette (2001) e os estudos quebequenses reunidos por R. Dion, F. Fortier e T. Haghbaert (2001), não caracteriza o século XX mais que a pós-modernidade. A lei da heterogeneidade genérica constitutiva de todo texto explica esses fatos. Ela não muda mais que a modalidade de aplicação entre a época clássica e a modernidade, e o que trata é de dar os meios para pensar. Em um texto relacionado, geralmente, a vários gêneros, a questão não é classificá-lo numa categoria — seu pertencimento —, mas de observar as potencialidades genéricas que o atravessam — sua participação em um ou vários gêneros —, levando-se em conta pontos de vista tanto autoriais quanto autoriais e leitoriais. Analisar uma participação em vez de se limitar a um pertencimento classificatório permite entrar na complexidade dos fatos de discurso. À exceção de gêneros socialmente bastante constritivos, a maior parte dos textos não se conforma a um só gênero e opera um trabalho de transformação de um gênero a partir de vários gêneros (mais ou menos próximos). Considerar essa heterogeneidade genérica é, para nós, o único meio de aproximar a complexidade do procedimento que liga um texto ao interdiscurso de uma formação social dada.

2.2 Os gêneros são tão diversos quanto as práticas discursivas

Como disse M. M. Bakhtin (1984, p. 265), "A riqueza e a variedade dos gêneros do discurso são infinitas, pois a variedade virtual da atividade humana é inesgotável, e cada esfera dessa atividade comporta um repertório de gêneros do discurso que vai-se diferenciando e ampliando-se, à medida que desenvolve-se e complexifica-se a esfera dada". Se, após T. Todorov, somos cada vez mais numerosos em não limitar a noção de gênero apenas à literatura, é porque os gêneros literários "não são mais que uma [...] escolha entre as possíveis do discurso, tornada convencional por uma sociedade" (Todorov, 1978, p. 23). Os "possíveis do discurso" de que fala T. Todorov definem-se no âmbito de diferentes "sistemas de gêneros"[6] que os grupos sociais elaboram no curso de sua evolução histórica, feito de contatos e de empréstimos com e de outros grupos sociais: "A escolha operada por uma sociedade entre todas as codificações possíveis do discurso determina o que chamaremos de seu *sistema de gêneros*" (*ibid*.). Lugar de manifestação e de diversificação da língua, os gêneros definem-se não ontológica e isoladamente, mas por contraste no âmbito de um sistema codificado de gêneros. Um gênero não é compreendido, pois, senão no interior de um conjunto de semelhanças e de diferenças entre gêneros e subgêneros definidos por um grupo social num momento dado de sua história cultural e discursiva. À diversidade sincrônica das diferentes práticas sociodiscursivas humanas, artísticas ou não, acrescenta-se, pois, uma diversidade diacrônica. É o que provam bem os trabalhos etnoantropológicos sobre as práticas discursivas de sociedades que nos são estranhas e os estudos de obras antigas produzidas em sociedades cujo sistema de gêneros permanece, para nós, em grande parte desconhecido. Os sistemas de gêneros e os gêneros evoluem e desaparecem com as formações sociodiscursivas às quais eles estavam associados. Com J.-P. Bronckart, definimos, então, os gêneros como "*formas comunicativas* historicamente construídas por diversas formações sociais, em função de seus interesses e de seus objetivos próprios; gêneros do tipo socialmente 'indexados', que são, mais amplamente [...], ao mesmo tempo produtores e produto de modalidades específicas de elaboração dos conhecimentos" (Bronckart, 1996, p. 56).

2.3 Os gêneros são práticas normatizadas, cognitivamente e socialmente indispensáveis

A indexação sócio-histórica dos gêneros traduz-se por regularidades observáveis. Como observa M. Bakhtin (1984, p. 265): "Todo enunciado

---

6. Como mostra Peter Zima (2001, p. 29-46), o medievista alemão Erich Köhler evidencia, muito claramente, o papel das formações sociais na evolução dos gêneros e nos seus sistemas de gêneros em "Gattungssystem und Gesellschaftssystem" (*Literatursoziologische Perspektiven*, Heidelberg: Carl Winter Universitätsverlag, 1982).

particular é seguramente individual, mas cada esfera de uso da linguagem elabora seus tipos relativamente estáveis de enunciados [enunciações], e é o que chamamos de gêneros discursivos [da linguagem]" (procedemos nuances na tradução entre colchetes). O caráter relativamente estável e normatizado dos gêneros é uma das condições de possibilidade das interações sociodiscursivas e do funcionamento da língua em discurso:

> Os gêneros do discurso, comparados com as formas de língua, são bem mais mutáveis, maleáveis, mas, para o indivíduo que fala, eles não têm menos valor normativo: eles lhe são dados, não é ele que os cria. É por isso que o enunciado, na sua singularidade, a despeito de sua individualidade e de sua criatividade, pode ser considerado como uma combinação absolutamente livre das formas da língua. (Bakhtin, 1984, p. 287)

Os gêneros são, pois, definíveis como regulações das práticas sociodiscursivas dos sujeitos e da produção de enunciados em discurso. A noção de "esfera de uso da linguagem" de que fala Bakhtin não está muito afastada da noção de formações sociodiscursivas ou de comunidades discursivas que encontramos em análise de discurso. É preciso conceber, bem claramente, os gêneros como inseparáveis dos sistemas históricos de pensamento desses grupos socioculturais. Como lembra T. Todorov (1978, p. 24), os gêneros do discurso "dizem respeito tanto à matéria linguística quanto à ideologia historicamente circunscrita da sociedade". Nesse caso, os usos podem bem ser qualificados de normatizados. As normas sociodiscursivas que governam os gêneros não são tão constritoras como as *regras* morfossintáticas que regem as línguas. Pode-se considerar que existem duas categorias de gêneros dominados pelo princípio da repetição. Os gêneros que se pode dizer de funcionamento "rotineiro", como o catálogo telefônico, a correspondência administrativa e comercial, a bula de medicamento, a ficha administrativa, as certidões cartoriais, os relatórios de acidentes, a conversação avião-torre de controle, os rituais instituídos (ofícios religiosos, protocolos oficiais), são normatizados de forma bastante constritora.[7] Em contrapartida, um ato de candidatura, um jornal televisivo, um boletim meteorológico, um

---

7. Os gêneros que colocamos na categoria dominada pela repetição de gêneros são qualificados por D. Maingueneau (2004b), em uma de suas últimas atualizações, como gêneros "conversacionais", "gêneros instituídos de modo 1" (fortemente rotineiros) e "gêneros instituídos de modo 2".

horóscopo, um guia de viagem, um plano de caminhada ou de alpinismo, uma receita de cozinha, um artigo sensacionalista e a maioria dos gêneros jornalísticos, as apresentações de votos e de condolências inscrevem-se, certamente, em um quadro fixo, mas que comporta e tolera variações.[8] Para examinar essas diferenciações variacionais, devemos levar em consideração o funcionamento variacional complementar das regularidades que ligam todo texto às formas presentes na memória intertextual e interdiscursiva dos leitores de uma formação sócio-histórica.

2.4. Os gêneros são categorias dinâmicas em variação

Essa quarta observação declara a preponderância da transformação e da inovação do jogo, mais ou menos amplo, no que concerne às normas que caracterizam a genericidade. A despeito das regularidades observáveis, a variação caracteriza toda realização textual. O fator principal de inovação está ligado às condições pragmáticas de todo ato de enunciação: a situação de interação e as visadas ou os objetivos dos leitores constringem mais ou menos esses últimos a respeitar o princípio de identidade ou, pelo contrário, dele se liberar ao introduzir mais ou menos variações inovadoras, afastamentos, jogando tanto com a língua quanto com os sistemas de gênero disponíveis. Esses afastamentos podem se transformar em afrontamentos em relação aos modos legítimos de falar no âmbito de uma dada formação sociodiscursiva. Pode-se considerar que os seguintes gêneros são dominados pelo princípio de variação: uma homilia, um elogio fúnebre, um discurso político em presença dos membros de um partido ou um debate político midiático, a publicidade em geral. É menos ainda o caso com os discursos filosóficos e literários, os grandes textos das religiões, que dizem respeito a gêneros que D. Maingueneau qualifica muito justamente de "autoriais".[9]

---

8. D. Maingueneau (2004b, p. 112) define-os como "gêneros instituídos de modo 2", isto é, gêneros "pelos quais os locutores produzem textos individuais, mas submetidos aos registros de procedimentos dos cargos que definem o conjunto dos parâmetros do ato comunicativo".

9. D. Maingueneau (2004b, p. 113-114) fala de "gêneros instituídos de modo 3" e de "gêneros instituídos de modo 4" para distinguir, de um lado, os gêneros da publicidade, da canção e das emissões

Em 1925, em seu manual de teoria da literatura, o formalista russo B. V. Tomachevski (1965) insistia na oposição entre "procedimentos canônicos obrigatórios" e "procedimentos livres" de um determinado gênero, numa determinada época. Os procedimentos livres, "de caráter não obrigatório, que permanecem próprios de certas obras, certos escritores, certas escolas etc.", situam-se nas margens variacionais de um ou de vários gêneros. Além disso, no movimento da evolução histórica inelutável de um gênero, "a aspiração a uma renovação" (Tomachevski, 1965) toca, geralmente, os procedimentos canônicos, tradicionais, estereotipados, levando-os mesmo até a passar, às vezes, do grupo dos procedimentos obrigatórios ao dos procedimentos proibidos. A existência, a evolução e a contestação das normas fazem parte da definição mesma dos gêneros e de seu reconhecimento. Os gêneros são — como as línguas — convenções consideradas entre dois fatores mais complementares que contraditórios: o de repetição e o de variação.

2.5 Os gêneros existem apenas no âmbito de um sistema de gêneros

Decorre das observações precedentes uma dupla ruptura em relação às concepções ontologizantes dos gêneros: de um lado, um gênero só se define de modo relativo no interior de um sistema de gêneros e, de outro, um gênero não se define como classe fundada numa gramática de critérios fixos e estritos, em termos de possessão ou não de tal ou tal propriedade linguística. O julgamento de participação de um texto a um (ou vários) gênero(s) é, ao mesmo tempo, flutuante e sistêmico, como a maioria das outras operações humanas de categorização. A categorização e a definição de categorias são operações fundamentais que permanecem, na maior parte do tempo, intuitivas. A identificação de um gênero não é um raciocínio abstrato, fundado na recuperação de conjuntos de propriedades definidas. Trata-se, mais propriamente, de agrupamentos por "ares de família". Os gêneros são categorias prototípicas definíveis por tendências ou classes

---

de televisão, para os quais "não existe cenografia preferencial", e, de outro, os "gêneros propriamente autoriais, para os quais a noção mesma de 'gênero' apresenta problema".

de tipicalidade, por feixes de regularidades e fenômenos de dominância. Essa concepção da complexidade gradual e de feixes de regularidades estava já presente em algumas observações de B. V. Tomachevski (1965). Este último propunha caracterizar as classes particulares de obras literárias por um "agrupamento de procedimentos em torno de procedimentos perceptíveis, a que chamamos os traços do gênero" (Tomachevski, 1965, p. 302). Mas — acrescenta ele, logo em seguida —, por um lado, "esses traços podem ser bem muito diferentes e podem se relacionar com qualquer aspecto da obra literária" (ibid.). Sua conclusão vai muito amplamente além dos limites de uma abordagem formalista e estruturalista: "Não se pode estabelecer qualquer classificação lógica e fechada dos gêneros. Sua distinção é sempre histórica, isto é, justificada unicamente por um dado tempo; além disso, essa distinção formula-se, simultaneamente, em vários traços, e os traços de um gênero podem ser de uma natureza totalmente diferente da natureza daqueles de outro gênero" (Tomachevski, 1965, p. 306).

2.6 A genericidade envolve todos os níveis textuais e transtextuais

Nossa abordagem da genericidade passa por uma definição do texto que une, estreitamente, três componentes em permanente relação de interação: a *textualidade*, a *transtextualidade* e a *genericidade*. A genericidade afeta os diferentes componentes da textualidade e da transtextualidade, mas, em contrapartida, esses diferentes componentes, ou planos de textualização, manifestam a genericidade de um texto de forma sempre desigual. Por *textualidade*, designamos as forças centrípetas que asseguram a unidade e a irredutível singularidade de um dado texto, e por *transtextualidade*, as forças centrífugas que abrem todo texto para vários outros textos.[10]

No *nível textual*, certas categorias linguísticas podem tornar-se obrigatórias e certas agramaticalidades aceitáveis por um gênero. Assim, a sílaba torna-se uma unidade pertinente no verso; a repetição e a elipse,

---

10. Para estudar a diversidade das formas pelas quais um texto "entra em relação, manifesta ou secreta, com outros textos" (Genette, 1982, p. 7), falamos, seguindo Genette, de "transtextualidade".

fatores rítmicos da prosa oratória e literária; o presente, o tempo da narrativa da história engraçada; e o imperfeito narrativo, o tempo verbal favorito para a narrativa das ações marcantes de um jogo de futebol. T. Todorov resume, muito claramente, esse fato maior: "Qualquer propriedade verbal, facultativa no nível da língua, pode se tornar obrigatória no discurso. [...] Certas regras discursivas têm isso de paradoxal, consistem em construir uma regra da língua" (Todorov, 1978, p. 23-24). M. M. Bakhtin lista os diferentes níveis linguísticos que a aparência de um enunciado de um "domínio da atividade humana" — e, portanto, de um gênero — pode tocar:

> A utilização da língua efetua-se sob forma de enunciados concretos, únicos (orais e escritos) que emanam dos representantes de tal ou tal domínio da atividade humana. O enunciado reflete as condições específicas e as finalidades de cada um desses domínios, não apenas por seu conteúdo (temático) e seu estilo de língua, dito de outro modo, pela seleção operada nos meios da língua — meios lexicais, fraseológicos e gramaticais —, mas também e, sobretudo, por sua construção composicional. Esses três elementos (conteúdo temático, estilo e construção composicional) fundem-se, indissoluvelmente, no todo que constitui o enunciado, e cada um deles é marcado pela especificidade de uma esfera de intercâmbio. (Bakhtin, 1984, p. 265)

Bakhtin inscreve os gêneros nas formações sociodiscursivas a partir das esferas sociais de uso da língua: esferas políticas (diferentes, segundo os partidos e os lugares de exercício da política), publicitárias, literárias, jornalísticas (diferentes, segundo as mídias e os suportes de imprensa), religiosas (diferentes, segundo as comunidades) etc. Essa citação apresenta a vantagem de insistir — com os "temas" (e motivos), a "composição" e o "estilo" — em três níveis de organização da textualidade, aos quais é preciso, no entanto, acrescentar o nível enunciativo da responsabilidade dos enunciados e o nível pragmático dos atos de discurso e da orientação argumentativa de todo enunciado. A concepção bakhtiniana do "temático" é resumida por T. Todorov em termos que correspondem ao que se pode considerar, mais amplamente, como o domínio semântico: "Modelo do mundo que o texto propõe" (Todorov, 1981, p. 128). Nesse nível semântico, além dos motivos temáticos e das configurações de motivos, o regime de interpretação dos enunciados depende amplamente dos gêneros considerados. No nível enunciativo, além do estatuto dos (co)enunciadores, seu grau de implicação e de responsabilidade dos enunciados, a coerência polifônica ligada à sucessão dos pontos de vista está, em grande parte, sob a influência direta do(s) gênero(s) ao(s) qual(is) o texto é remetido. No nível argumentativo e pragmático, os objetivos, sub-objetivos e intenções comunicativas dos enunciados sucessivos, assim como de um texto inteiro são marcados por valores ilocutórios inseparáveis do quadro imposto pelas escolhas genéricas. O "estilo", na perspectiva do Círculo de Bakhtin, é tanto fraseologia de um grupo social (jurídico, médico, esportivo etc.), isto é, "estilos" no sentido de socioletos, quanto variação individual, isto é, "estilo" no sentido idioletal. Esse nível da textura microlinguística está em tão estreita relação com os gêneros que existe uma "estilística dos gêneros" (Combe, 2002). O nível composicional, que corresponde, em M. M. Bakhtin (1978, p. 59), à sintaxe das grandes massas verbais, recobre os planos de textos, os agenciamentos de sequências (descritivas, narrativas, argumentativas, explicativas ou dialogais), as relações entre texto e imagem em certas formas textuais plurissemióticas. Esse nível da textualidade é muito largamente afetado pela genericidade. É preciso, ainda, encorajar o nível material do *meio* (meio-suporte, extensão, paginação e formatação tipográfica) que, por muito tempo, tem sido negligenciado, uma vez que ele exerce um papel importante, implicado na genericidade.

No *nível transtextual*, o plano *peritextual* das fronteiras do texto marcadas pelos enunciados do título e do subtítulo, os intertítulos, a dedicatória, o prefácio, o lide, a quarta capa de um livro etc., em resumo, o conjunto do aparelho do enquadramento de um texto está, editorialmente, em estreita relação com a genericidade. Um título ou uma dedicatória são enunciados muito amplamente afetados pela genericidade. Os comentários metadiscursivos relacionados com a genericidade são um aspecto importante do interdiscurso de uma formação social. Mostraremos em *Textualidade e intertextualidade dos contos* que essa consciência metagenérica aparece quando Perrault define "Peau d'âne" e "Les Souhaits ridicules" como "contos" e "Griselidis" como uma "novela", entendendo por isso "coisas que podem ter acontecido" (prefácio de 1694 da coletânea desses três textos em versos). Consideremos uma oposição semântica entre narrações da ordem do maravilhoso e narrações dominadas pelo verossímil. Essa classificação autorial aparece, igualmente, quando Perrault omite, apenas para "La Barbe Bleue", o terceiro das oito *Histoires et contes du temps passé*, o subtítulo "conto".

Um caso particular de relação transtextual, que não podemos nomear de outro modo senão de *cotextualidade*, será abordado, sobretudo, nos estudos da primeira coletânea de contos de Andersen (Capítulo 4) e *Les Fleurs du Mal* (Capítulo 5). Entendemos, por isso, o conjunto das relações que um texto dado estabelece com outros textos, copresentes no âmbito de uma mesma área escritural (coleta de contos, de novelas ou de poemas, conjunto de um jornal ou de uma revista). Entre esses cotextos intervêm convergências ou divergências (inter)genéricas mais ou menos importantes, como veremos, com os primeiros contos de Andersen, estudados no capítulo 4. Ao longo das edições, o fato de se modificar a cotextualidade pela introdução ou pela supressão de textos pode modificar a genericidade dos textos vizinhos, até mesmo o conjunto da coletânea, como veremos com o exemplo da célebre coletânea dos *Kinder- und Hausmärchen* [Contos da infância e do lar], dos Grimm (Capítulo 1).

Um nível transtextual importante, o da intertextualidade, está, da mesma forma, estreitamente ligado à genericidade. Na sua referência a um texto anterior, um enunciador não se limita, mais frequentemente, a tomar emprestado motivos, temas, um estilo, dos enunciados, para empregá-los na criação de novos efeitos de sentido. Ele entra, ao mesmo tempo, no que podemos conceber como um diálogo intergenérico (Heidmann, 2006). Um poema como "Sonnet d'automne" pode construir efeitos de sentido importantes na sua referência ao *Fausto*, de Goethe, traduzido por Nerval, empreendendo, com isso, uma reorganização da coleta de *Les Fleurs du Mal* (Capítulo 5).[11] Uma história como a de "La Barbe Bleue" pode envolver as propriedades genéricas da história trágica e do conto ao envolver os intertextos antigos.[12]

A identificação das diferenças entre (inter)textos permite perceber as diferenças entre gêneros e categorias do interdiscurso dos textos em ques-

---

11. Para a análise do *diálogo* entre um poema (Sylvia Plath) e uma tragédia romana (Sêneca), ver Heidmann (2006, p. 153-156).

12. Para uma análise desenvolvida de *La Barbe Bleue*, ver Heidmann (2008, 2009a).

tão. Podem-se considerar as transformações intertextuais como reveladoras dos componentes genéricos macro ou microtextuais. Pode-se observar a existência de tal diálogo intergenérico nas traduções literárias que ocorrem no modo intertextual, como mostraremos no capítulo 6. Veremos como a edição de um texto de Kafka varia genericamente sob as ações conjugadas de Max Brod e dos tradutores franceses.

Os estudos aqui reunidos privilegiam quatro eixos de análise de textos de autores importantes das literaturas europeias. A questão do gênero é abordada em dois tempos. As mutações genéricas de uma história de fratricida infantil são o objeto do Capítulo 1. A história é tratada como "história trágica" por Jean-Pierre Camus, no início do século XVII, e, no início do século XIX, como uma "tragédia do destino", por Werner; como uma "notícia de jornal", por Kleist, e como um conto de medo, pelos Grimm, na primeira edição de seus *Kinder- und Hausmärchen*. As duas comparações sistemáticas empreendidas nos Capítulos 2 e 3 mostram como Andersen e os Grimm contam, de maneiras bem diferentes, duas histórias aparentemente semelhantes.

A questão da coletânea e a comparação de textos do *Premier cahier* dos *Contes racontés pour des enfants*, no centro do Capítulo 4, permitem, igualmente, diferenciar a bastante grande homogeneidade presumida do gênero *conto*. Esse estudo centrado em Andersen revela a assustadora inventividade do contista dinamarquês. A questão da coletânea permite pôr em causa o estatuto do texto isolado, muito frequentemente considerado fora de seu cotexto editorial. O Capítulo 5 mostra que a inserção de um poema como "Sonnet d'automne" modifica em profundidade a ordem dos poemas *Les Fleurs du Mal* e torna legível a difração do intertexto de *Fausto*, de Goethe, traduzido por Nerval.

Com a dupla questão da edição e da tradução de um célebre texto de Franz Kafka sobre o mito de Prometeu, consagramos o último capítulo a uma síntese das questões anteriores. As traduções francesas inscrevem-se numa genericidade construída editorialmente por Max Brod e muito diferente da (autorial) do caderno de trabalho no qual se inscreve o texto de Kafka. Veremos que um texto fragmentário de Nietzsche dá a chave intertextual da escritura complexa, um tanto aforística, desse texto posto por Brod e pelos tradutores na categoria das *Erzählungen* (narrações) de Kafka.

Capítulo 1
As mutações genéricas de uma estranha história*

Produto de uma pesquisa de mais de oito anos sobre contos escritos, o presente capítulo tem sua origem em um estudo[1] que versa sobre os textos aos quais vamo-nos reportar nos três capítulos seguintes. Neste capítulo consagrado aos gêneros, vamos comparar textos que pertencem a gêneros narrativos diferentes e que, do ponto de vista de sua construção narrativa, não apresentam a mesma complexidade de construção de intriga. Na nossa perspectiva de análise textual e comparativa dos discursos, toda série de enunciados remete, ao mesmo tempo, a um modo de textualização (narrativo, descritivo, argumentativo, explicativo ou dialogal) e a um ou vários gêneros discursivos. Essa dupla inscrição, complexa e complementar, tem, por consequência, o fato de que a maioria dos textos — e, bem particularmente, os literários — reduze-se, raramente, a um só gênero e a um só tipo de textualização. Eles operam um trabalho de transformação e de mixagem tanto de gêneros mais ou menos próximos quanto de modos de textualização. Segundo Aristóteles (1991, 1393a e 1394a), o *exem-*

---

* Traduzido por João Gomes da Silva Neto.

1. Estudo publicado no volume em homenagem a Doris Jakubec, "Du théâtre de Coppet aux contes des Grimm: les mutations génériques d'un étrange récit" (J.-M. Adam e U. Heidmann, em *Les textes comme aventure*, coordenado por M. Graf, J.-F. Tappy e A. Rochat, Genève: Zoé, 2003, p. 174-184). Este capítulo retoma, igualmente, em parte, um artigo centrado na narrativa de Jean-Pierre Camus: "Mises en textes et en genres de l'exemplum narratif: histoires tragiques et contes d'avertissement" (*Narratologies contemporaines*, F. Berthelot e J. Pier [éds.], CNRS, no prelo).

plum é uma das provas comuns a todos os gêneros. Não é um gênero mas uma unidade discursiva, uma peça narrativa extraída de um texto por compiladores. Destacado de seu co(n)texto de origem, o *exemplum* é destinado a ser posto em novos co(n)textos e nos gêneros variados de discurso. C. Bremond (1998) resume bem a questão em que nos vamos deter:

> Desde quando o *exemplum* é conhecido, não como um texto destinado a ser consumido sob uma forma independente, mas tendo necessidade, para se realizar, de ser integrado a um texto mais vasto no âmbito do qual ele exerce um papel auxiliar, ele não pode ser um gênero, mas apenas o ingrediente retórico de um outro gênero. O gênero, nessa ótica é, talvez, o sermão, a defesa; não é o *exemplum*. (Bremond, 1998, p. 25)

A retomada de narrativas exemplares em gêneros diferentes é um aspecto da prática da intertextualidade que caracteriza a Antiguidade e a época clássica. Ao lado dos *exempla* jurídicos (petição dos advogados) e religiosos (sermão dos pregadores), encontram-se os *exempla* pedagógicos dos preceptores, nos quais, como veremos, os Grimm inspiram-se no início de sua reflexão sobre o gênero "*Märchen*" [fábula, conto de fadas], em 1812.

1.1 Entre *exemplum* e história trágica: uma novela de Jean-Pierre Camus

Na primeira metade do século XVII, o bispo de Belley, Jean-Pierre Camus, completa a divisão aristotélica entre *exemplum historique* (que remete a fatos passados atestados) e *exemplum inventé* (parábola ou fábula). Em *Les décades historiques* (Camus, 1642), ele acrescenta um tipo misto de *exempla* a que chama de "histórias parabolizadas" ou "Parábolas historiadas":

> Eu me posiciono na terceira forma de escrever, que é, em parte, verdadeira, em parte, parabólica, pois, no fundo das histórias que proponho, elas têm, por base fundamental, não a possibilidade e a verdadeira semelhança apenas, mas a verdade. É certo que, quanto aos fatos particulares e às circunstâncias dos eventos no que se refere aos nomes, às qualidades das pessoas, aos tem-

pos, aos lugares e a várias outras singularidades, eu me dou a liberdade da parábola. (Camus, 1642, [s. p.])

Em *Les récits historiques*, J.-P. Camus (1643) define suas novelas como narrativas e simples "argumentos":

> A relação de ação, desprovida de todo artifício e mesmo do recurso da eloquência, chama-se comumente NARRATIVA, o nome que julguei apropriado para essas histórias das quais faço aqui um conjunto. Nelas, eu me contento em propor o fato com tanta nudez quanto me pareceu, ao passar os olhos sobre algumas que são apenas como esqueletos, ou, para melhor dizer, argumentos. (Camus, 1643, [s. p.])

Les récits historiques contêm uma expressão que as aproxima de nossas manchetes de notícia modernas: "Aqui não é mais do que um apanhado bem nu de diversos fatos, que eu notei no grande volume do mundo" (Camus, 1643, [s. p.]). Ele qualifica, aliás, seus *Spectacles d'horreur* (Camus, 1630, [s. p.]) como "um apanhado de histórias trágicas", ligando, assim, sua coletânea a um gênero da moda, desde o fim do século precedente, que foi introduzido, na França, pelas traduções, realizadas por Boaistuau, de seis *Novelle* (1559) de Bandello, sob o título de *Histoires tragiques*. Esse gênero foi desenvolvido na França nos sete volumes de *Histoires tragiques*, de François de Belleforest, e, sobretudo, pelas *Histoires mémorables et tragiques de notre temps*, de François de Rosset (1614). Como nos mostra Joël Zufferey (2001, 2006), a genericidade das novelas de J.-P. Camus remete, certamente, às histórias trágicas, no sentido genérico estabilizado na época, mas também, ao mesmo tempo, às histórias devotas das "Lições exemplares" e da pregação.

Enquanto as "histórias trágicas" e os folhetins da época são caracterizados pelas referências a um tempo e a lugares precisos, pelas indicações relativas à identidade dos atores dos eventos, as histórias de J.-P. Camus apresentam um apagamento referencial. O início do segundo parágrafo da narrativa que vamos estudar é um exemplo perfeito disso: "*Num* lugarejo da Alsácia, *do qual não sei o nome, um* camponês [...]". O apagamento da referência favorece a generalização tipificante e a antecipação de uma prescrição axiológica que vale para a edificação de todos os leitores. A verdade referencial dos eventos particulares e singulares é substituída por uma verdade de ordem geral a serviço de uma estratégia retórica persuasiva: tocar os leitores pala levá-los a se corrigir. É o que se passa neste texto dos *Spectacles d'horreur* (Camus, 1630, p. 202-206):[2]

Le jeu d'enfans
SPECTACLE XVIII[3]

[P1] Les enfans ont cela du naturel des synges qu'ils sont imitateurs, & de fait tous leurs jeux ne sont qu'imitations de ce qu'ils voyent faire aux personnes plus grandes, soit aux actions publiques, soit aux particulieres. **[P2]** A raison de quoy un sage Ancien advertissoit qu'on se donnast de garde de faire aucune action mauvaise devant des enfans, d'autant que la tendresse de leurs esprits est autant susceptible des blasmables impressions comme leurs corps sont sujets à prendre les maladies en approchant de ceux qui se trouvent mal. **[P3]** Et l'exemple de ce Senateur Romain qui fut noté par le Censeur pour avoir fait devant sa fille une action autour de sa femme plustost indiscrette que deshonneste, est assez familier. **[P4]** Vous allez voir un jeu sanglant en ce Spectacle, & une imitation enfantine, qui cousta la vie à trois innocens.

[P5] En un village de l'Alsace, dont je ne sçay pas le nom, un paysan ayant envie de vendre un veau en detail le fit esgorger en sa maison: il avoit deux petits garçõs de l'aage de huict ou neuf ans qui virent cela avec attention & plaisir, l'un s'occupât à une chose & l'autre à une autre, & servans leur pere en ce qu'il leur commandoit, le lendemain comme ils se jouoient ensemble ils delibererent d'imiter leur pere, & d'esgorger un veau, & commencerent à chanter, Nous esgorgerons le veau. **[P6]** Le pere & la mere estans hors de la maison en diverses affaires, ils allerent prendre leur petit frere qui estoit dans le berceau & l'esgorgerent en la mesme sorte que leur pere avoit le jour precedent esgorgé le veau. **[P7]** Mais voyans couler beaucoup de sang, et ce petit tirant aux abois de la mort, cela leur jetta de la terreur en l'ame, & oyans revenir leur mere ils s'allerent cacher dans le fourneau du poësle. **[P8]** La mere

---

2. Foi Joël Zufferey quem nos pôs na pista desse texto, e nós lhe agradecemos por isso.

3. Conservamos a ortografia e a pontuação do texto original (Paris, André Soubron, 1630). Conservamos, ainda, as nasais marcadas pelo sinal /~/, como /ã/ para /an/, /õ/ para /on/ etc., de modo a não fazer desaparecer a pronúncia de certas palavras.

revenoit avecque du feu qu'elle apportoit de chez une de ses voisines pour eschauffer son poësle, elle y met donc le feu sans y penser & aussi tost ces deux petits si effrayez qu'ils n'osoient crier furent estouffez de la fumée & de la flamme. [P9] De là elle entre dans sa chambre, où voyant son petit sanglant & esgorgé elle commença à jetter des cris tels que vous les pouvez imaginer. [P10] Elle met l'alarme en tout le voisinage, chacun accourt, le mary estoit absent, on n'avoit veu entrer personne que les deux autres petits, on les cherche par tout, on ne les trouve point. [P11] Quelqu'un se rencontre qui dit les avoir ouy chanter, Nous esgorgerons le veau. [P12] Le mary revient durant tout ce tumulte transi d'estonnement à ce spectacle d'Horreur. [P13] La fuitte des deux petits les fit juger coupables; cherchez de tous les costez on n'en peut trouver la trace. [P14] De là à quelques jours leurs corps demy grillez furent rencontrez dãs le fourneau du poësle, & la mere reconnoissant qu'elle mesme y avoit mis le feu pensa tomber dans un desespoir si furieux, que si on ne l'eust retenuë elle se fust dõnee la mort. [P15] Spectacle qui nous apprãd à combien d'inconveniens la vie est sujecte par la malice des pervers, puis que les innocãs mesme sont capables de luy dresser des embusches. [P16] Et qui nous advertit à ne faire rien de mauvais devant les enfans, puis qu'ils tournent en mal les choses les plus indifferentes.

O jogo de crianças
ESPETÁCULO XVIII

[P1] As crianças têm isso do natural dos macacos, que são imitadores, e de fato todos os seus jogos não são mais do que imitações do que elas veem as pessoas maiores fazerem, seja nas ações públicas, seja nas particulares. [P2] Por essa razão, um Antigo sábio advertia que nos resguardássemos para não fazer nenhuma ação má diante das crianças, uma vez que a ternura de seus espíritos é susceptível às impressões condenáveis como seus corpos estão sujeitos a se tornar doentes ao se aproximarem daqueles que se encontram mal. [P3] E o exemplo desse senador romano que foi advertido pelo censor por ter feito diante de sua filha uma ação ao lado de sua mulher, mais indiscreta do que desonesta, é bastante familiar. [P4] Vós ireis ver um jogo sangrento neste espetáculo e uma imitação infantil que custou a vida a três inocentes. [P5] Num lugarejo da Alsácia, do qual não sei o nome, um camponês que queria vender um bezerro em pedaços abateu-o[4] em sua casa: ele tinha dois

---

4. No original, "*esgorger*" tem o sentido de "abater, cortando a garganta". [N.T.]

meninos da idade de oito e nove anos que viram aquilo com atenção e prazer, um se ocupava de uma coisa e outro de uma outra, e servindo seu pai naquilo que ele lhes pedia, no dia seguinte como brincavam juntos decidiram imitar seu pai, e abater um bezerro, e começaram a cantar, "Nós abateremos o bezerro". [P6] O pai e a mãe estando fora da casa em diversos afazeres, eles foram pegar o pequeno irmão que estava dentro do berço e o abateram da mesma forma que seu pai havia no dia precedente abatido o bezerro. [P7] Mas, vendo escorrer bastante sangue, e esse pequeno estando à beira da morte, isso lhes provocou terror na alma, e vendo sua mãe vir eles foram se esconder no forno do tacho de fazer vidro com potes quebrados. [P8] A mãe voltava com fogo que trazia da casa de uma de suas vizinhas para aquecer seu tacho, ela pôs lá então o fogo sem pensar neles e logo esses dois pequenos tão amedrontados que não ousavam gritar foram sufocados pela fumaça e pela chama. [P9] Daí, ela entra no seu quarto, onde, vendo seu pequeno sangrando e com a garganta cortada, ela começa a lançar gritos tamanhos que vós podeis imaginar. [P10] Ela dá o alarme em toda a vizinhança, cada um acorre, o marido estava ausente, não haviam visto ninguém entrar a não ser os dois outros pequenos, procuram-nos por todo canto, não os encontram. [P11] Alguém que se aproxima diz tê-los visto cantar, Nós abateremos o bezerro. [P12] O marido volta durante todo esse tumulto transido de estupefação com esse espetáculo de Horror. [P13] A fuga dos dois pequenos os fez julgar culpados; procurem por todos os lados, não podem encontrar sinal deles. [P14] Daí a alguns dias seus corpos meio tostados foram encontrados no forno do tacho, e a mãe, reconhecendo que ela mesma havia posto o fogo, pensou cair num desespero tão furioso, que se não a tivessem contido ela se teria dado à morte. [P15] Espetáculo que nos ensina a quantos inconvenientes a vida está sujeita pela malícia dos perversos, uma vez que os inocentes mesmo são capazes de com ela preparar emboscadas. E que nos adverte a não fazer nada de mal diante das crianças, uma vez que elas transformam em mal as coisas mais indiferentes.

O primeiro parágrafo permite uma entrada progressiva e argumentativamente orientada na narrativa. A primeira frase periódica (P1) apresenta-se como um enunciado comumente admitido, gramaticalmente dominado pelo presente de verdade geral e pelos determinantes com valor referencial generalizante, característicos dos enunciados de forma sentenciosa. A denominação, em P1, de um estado de coisa genérico[5] está apoiada, nas duas frases seguintes, pela autoridade dos Antigos (P2) e por um exemplo apresentado como "bastante familiar" aos leitores desse início do século XVII (P3). Esse apoio do valor sentencioso e prescritivo de P1 sobre o enunciado de um saber antigo, fundado na experiência, torna possível a injunção de não "fazer nenhuma ação má diante das crianças". A frase genérica inicial retira seu valor sentencioso do fato de que ela própria é apresentada como uma espécie de citação de autoridade. Assim, uma composição bastante sutil permite transitar, progressivamente, de uma generalidade atemporal (P1 e P2) para a alusão de um evento particular (P3) e, em seguida, para a própria narrativa.

Após esse prólogo, à maneira de um charlatão de feira ou de um vendedor ambulante, o narrador interpela seus leitores com a abordagem da quarta frase ("vous" [vós]) e por meio de um resumo. Essa forma de introdução de uma narrativa destinada a captar a atenção de um auditório foi identificada pela narratologia linguística sob o nome de *Resumo* ou *Entrada-prefácio* (Adam, 1994a, p. 182-184). Prolongando o subtítulo ("Spectacle XVIII" [Espetáculo XVIII]), o prospectivo ("vous allez voir" [vós ireis ver]) acompanha o anúncio do fato ("jeu sanglant" [jogo sangrento]), cujo caráter dramático é suscetível de motivar o leitor. O resumo dos acontecimentos está próximo do que propõem os anúncios publicitários dos folhetins da época e nossas modernas manchetes de jornais. É, sobretudo, a atuação da figura macroestrutural da hipotipose que se ressalta, para além desse anúncio, no conjunto do texto. A hipotipose é definida por Quintiliano (2, 40), no livro IX de sua *Institution oratoire*, como uma "representação dos fatos proposta em termos tão expressivos que acredita-se mais ver do que se entender". É essa definição que Fontanier (1968, p. 390) retoma, em 1830, na parte consagrada às "Figures autres que tropes" [Figuras distintas dos tropos], em seu *Manuel des tropes*:

> A *hipotipose* pinta as coisas de uma maneira tão viva e tão enérgica que ela as coloca de alguma maneira sob os olhos e faz, de uma narrativa ou de uma descrição, uma imagem, um quadro, ou mesmo uma cena viva.

---

5. Entendemos "genérico", aqui, no sentido de uma semântica da referência, e não no sentido relativo aos gêneros de discurso. Sobre essa análise das formas sentenciosas como denominações de um estado de coisa genérica, ver Kleiber, 1994, p. 207-224.

Duas páginas mais adiante, Fontanier (1968, p. 392) define a "hipotipose propriamente dita" em termos muito úteis para nosso propósito:

> O que constitui esta aqui é essa vivacidade, esse interesse do estilo que eletriza e inflama a alma ao ponto de fazê-la ver, como presentes ou como reais, coisas muito afastadas ou mesmo fictícias.

A palavra "vivacidade" e os verbos escolhidos ("eletriza e inflama a alma") correspondem exatamente às definições antigas de *evitentia* e de *energeia*. Plutarco elogiava o historiador Tucídedes por conseguir, por meio da *evitentia*, transformar seu leitor/ouvinte em espectador e provocar neste sentimentos próximos daqueles das testemunhas oculares dos fatos relatados. Na retórica pós-alexandrina, que o bispo Camus não pôde ignorar em virtude de sua formação, o conceito técnico de *evitentia*, sempre utilizado para traduzir o grego *energeia*, repousa, essencialmente, sobre o sentido da visão. Nas reflexões que Denis de Helicarnasso consagra ao estilo de Lísias, a *evidentia* é definida como uma forma de colocar o que é dito sob os sentidos e, principalmente, a vista. Como o leitor de J.-P. Camus, o auditor de Lísias tem a impressão de ver as personagens postas em cena pelo orador e delas estar próximo [tem a impressão não só de estar próximo, mas também de ver as personagens postas em cena pelo orador]. Hermógenes, por sua vez, considera a *ecfrase* [*ekphrasis*] como um enunciado que põe diante dos olhos e faz ver em detalhe, que faz viver (*enarges*), literalmente, o objeto do discurso. A técnica de J.-P. Camus, que segue, quanto a isso, as recomendações de seu amigo e correspondente São Francisco de Sales,[6] está igualmente muito próxima da técnica de Cícero (*De Inventione* I, 104, 10e lieu), para quem a *evidência* acentua os detalhes horríveis ao pôr o crime diante dos olhos — "*ante óculos*" — do auditório. Ao aproximar *hipotipose*, *evidentia* e *phantasia*, o *Tratado do Sublime* (Longin, 1995) insiste no fato de que a *inventia* tem por função tornar visíveis os acontecimentos e, desse modo, provocar no espírito as mais vivas emoções.

---

6. Como Joël Zufferey (1997) mostra bem em sua análise de *L'amant sacrilège*, é preciso, igualmente, mencionar o *De doctrina christiana*, de Santo Agostinho, para compreender a importância concedida às emoções no discurso sagrado.

Estamos no cerne da argumentação pelo *pathos* "quando, por um entusiasmo e um movimento extraordinário da alma, parece que vemos as coisas de que falamos e as colocamos diante dos olhos daqueles que escutam" (Longin, 1995, p. 97). *Hipotipose, evidentia* ou *energeia*, e até mesmo *phantasia*, em todos os casos, trata-se de fazer perceber pelos sentidos e, pela exposição das circunstâncias da ação, buscar fazer nascer a emoção (*movere*). Não se pode melhor exprimir essa transformação dos ouvintes/leitores em espectadores do que pela palavra-título "Espetáculos", da coletânea do bispo Camus, e pela sucessão de quadros-espetáculos dramáticos que ela propõe.

Entre os limites da Entrada-prefácio (frases 1 a 4) e da moral (frases 15 e 16), a narrativa propriamente dita desenvolve-se em uma sequência cuja situação final é estrategicamente suspensa. Cada uma das quatro primeiras frases periódicas do segundo parágrafo corresponde, canonicamente, a uma macroproposição narrativa. P5 desenha uma *situação inicial* que retoma o assunto da imitação infantil dos comportamentos adultos. A frase periódica P6 introduz o *nó* da intriga: a condução à morte do irmãozinho por seus irmãos mais velhos, que é o cerne dessa história fratricida. P7 desenvolve a dupla re-ação dos assassinos diante dos gritos da vítima e do retorno da mãe. O *desenlace* trágico é relatado pela frase P8, em que se vê a mãe pôr o fogo no forno dentro do qual estão escondidos os assassinos, realizando, desse modo, sem saber, o gesto de castigo deles (o fato de que eles sucumbem na fumaça e nas chamas de um inferno terrestre não é inocente no imaginário cristão). Tempo verbal da hipotipose, por excelência, o presente narrativo põe em relevo o gesto fatal da mãe. Nessa narrativa, a particularidade da intriga está em não conduzir a *situação final* imediatamente após esse desenlace trágico. O fio da narrativa é interrompido por um deslocamento da narração sobre a descrição da descoberta progressiva, pelos adultos, dos fatos que acabam de nos ser contados. A explicitação de suas reações de terror dramatiza a intriga com o suporte do presente narrativo das frases P9 a P12. O fato de se interromper a narrativa por uma série de ações e de eventos reportados de forma linear (enunciados de e1 a e9, logo adiante) traduz, estilisticamente, a agitação e a emoção das personagens:

De là elle entre dans sa chambre [é1], où voyant son petit sanglant & esgorgé [é2] elle commença à jetter des cris tels que vous les pouvez imaginer [é3]. Elle met l'alarme en tout le voisinage [é4], chacun accourt [é5], le mary estoit absent [é6], on n'avoit veu entrer personne que les deux autres petits [é7], on les cherche par tout [é8], on ne les trouve point [é9]...

Daí, ela entra no seu quarto [e1], onde, vendo seu pequeno sangrando e com a garganta cortada [e2], ela começa a lançar gritos tamanhos que vós podeis imaginar [e3]. Ela dá o alarme em toda a vizinhança [e4], cada um acorre [e5], o marido estava ausente [e6], não haviam visto ninguém entrar a não ser os dois outros pequenos [e7], procuram-nos por todo canto [e8], não os encontram [e9]...

Essa aceleração da narração permite a J.-P. Camus pôr em evidência o terror e o medo das personagens, segundo uma estética que recebe influência tanto de Sêneca quanto das recomendações de São Francisco de Sales. Como as personagens adultas descobrem, progressivamente, a atrocidade do crime e a sua punição involuntária, os leitores só podem ficar igualmente "transidos de estupefação com esse espetáculo de Horror". Na frase P13, com o retorno do passado simples, a descoberta da identidade dos culpados põe em situação de igualdade o saber das personagens e o dos leitores. Esse nivelamento dos conhecimentos torna possível, então, o enunciado da *situação final* esperada (P14).

J.-P. Camus explora e descreve um agir humano regido mais pela desordem das paixões do que pela razão. Ao longo de toda a narrativa, após a ação inicial do pai, as ações ligam-se entre si como um encadeamento de causa e efeitos. A ação do pai (causa) tem, por consequência, a imitação dos filhos: o abate do irmãozinho provoca o medo dos assassinos que tem, por si só, como consequência, o aumento do pânico devido ao retorno da mãe e a escolha de um esconderijo imprudente. O fogo aceso pela mãe causa a morte dos culpados que gera, por consequência, o desespero dos pais. Como fechamento dessa parte narrativa, anaforicamente designada pela retomada parcial do subtítulo ("espetáculo"), as duas últimas frases fixam a moral explícita de uma história válida para todos, narrador e leitores, inclusive ("nous" [nós]). Essas duas frases correspondem a um período quaternário, estruturado por um paralelismo sintático e semântico de quatro enunciados (e1 a e4). Essa forte estrutura formal confere-lhes um peso particular:

> (é1) Spectacle QUI nous apprãd à combien d'inconveniens la vie est sujecte par la malice des pervers [*proposition p1*],
> (é2) PUIS QUE les innocãs mesme sont capables de luy dresser des embusches [*proposition q1*].
> (é3) ET QUI nous advertit à ne faire rien de mauvais devant les enfans [*proposition p2*],
> (é4) PUIS QU'ils tournent en mal les choses les plus indifferentes [*proposition q2*].

> (e1) Espetáculo QUE nos ensina a quantos inconvenientes a vida está sujeita pela malícia dos perversos [*proposição p1*],
> (e2) UMA VEZ QUE os inocentes mesmo são capazes de com ela preparar emboscadas [*proposição q1*].
> (e3) E QUE nos adverte a não fazer nada de mal diante das crianças [*proposição p2*],
> (e4) UMA VEZ QUE elas transformam em mal as coisas mais indiferentes [*proposição q2*].

O conector "puis que" [uma vez que], grafado aqui como era no francês antigo, mistura o senso lógico de *posito quod*, isto é, *pela razão posta* ou *suposta que*, com o sentido temporal de "puis" [em seguida, depois] (*postquam*).[7] Os segmentos e2 e e4 do período, que seguem o conector "uma vez que", não são apresentados como causas, mas como pontos de partida de onde o raciocínio tira conclusões nos segmentos e1 e e3. Verdadeira moral da narrativa, esse período quaternário sintetiza o movimento argumentativo de todo o texto. O conector "uma vez que" dá as instruções de leitura e de cálculo do sentido: nomear o estado de coisas sentencioso e prescritivo (e1 e e3) que, para os interlocutores ("nous" [nós]), resulta na validação, pela narrativa, das frases P1 e P2 e dos enunciados e2 e e4. Esses dois enunciados genéricos tendem, assim, ao provérbio. Encontra-se, aí, a

---

7. É a análise etimológica desse conector que Beauzée já sugere, no século XVIII, no artigo "Mot" [Palavra], de *L'Encyclopédie*.

paráfrase da "pressuposição da existência" que, segundo A. Berrendonner (1983, p. 229), o conector "puisque" [uma vez que] implica: a proposição introduzida pelo conector "já foi objeto de uma enunciação anterior e essa enunciação foi admitida como verdadeira". Em outros termos, o conector argumentativo "puis que" funda a validade dóxica das máximas de ação (e1 e e3) sobre a validade reconhecida dos enunciados e2 e e4. Essa validade admitida é, ela própria, fundada na enunciação anterior das primeiras frases do texto (P1, P2 e P3) e, sobretudo, na enunciação da própria narrativa (P5 a P14). O presente de verdade geral e os substantivos com determinação genérica apoiam esse peso de validade dos enunciados e dão à moral da história um valor sentencioso que transforma a interpretação semântica do acontecimento singular do "Espetáculo XVIII".

Esse acompanhamento do núcleo narrativo por uma avaliação final em forma de moral foi teorizada pela narratologia da Antiguidade e da era clássica. A concepção de fábula que será elaborada na segunda metade do século XVII e no século XVIII lançará adiante um princípio de composição orientado para a máxima de moral ou preceito que a ser insinuado. Mas será que isso ocorre sempre assim? O exame de narrativas bem próximas de "O jogo de crianças", de Camus, vai-nos permitir analisar realizações bem diferentes.

1.2 Tragédia do destino (Werner), artigo de jornal (*Kleist*) e contos (Grimm)

A primeira edição de *Kinder- und Hausmärchen*[8], dos irmãos Grimm, publicada em 1812, apresenta duas curtas narrativas muito próximas da que acabamos de analisar e que têm, sob o título comum, *Wie Kinder Schlachtens mit einander gespielt haben* (*Comment des enfants ont joué ensemble à l'abattage après* [Como crianças brincaram de abate juntas). De um ponto de

---

8. "Contos da infância e do lar." Trata-se de uma coletânea de contos maravilhosos alemães, publicada por Jacob e Wilhelm Grimm, pela primeira vez, em 1812. Atualmente, essa coletânea é conhecida como "Contos dos irmãos Grimm". [N.T.]

vista cotextual, essas duas narrativas vêm justo em seguida a *Aschenputtel*, a "Cendrillon" [Cinderela] dos Grimm (n. 21), e só estão separadas do célebre conto maravilhoso *Frau Holle* (n. 24) pelo *Von dem Mäuschen, Vögelchen und der Bratwurst* (*Du souriceau, du petit oiseau et de la saucisse* [Do pequeno camundongo, do passarinho e da salsicha], n. 23). Elas estão muito próximas de *Rotkäppchen*, o "Petit chaperon rouge" [Chapeuzinho Vermelho] (n. 26). O fato de essas duas narrativas, que não se enquadram na definição otimista dada pelos Grimm ao gênero *Märchen*, em seu prefácio de 1812, terem sido retiradas da coletânea, a partir da segunda edição, despertou nossa atenção. Procuramos entender, com as razões desse desaparecimento, a evolução do gênero Grimm — "*die Gattung Grimm*", para retomar a expressão de André Jolles (1972) — e, mais amplamente, a extrema mobilidade do gênero *contos*. Essas duas narrativas aparecem na coletânea de 1812 com a dupla numeração n. 22 I e II:

> 22 — *Wie Kinder Schlachtens mit einander gespielt haben*
> (*Comment des enfants ont joué ensemble à l'abattage*)[9]
> [Como crianças brincaram de abate juntas]
> I.

In einer Stadt, Franecker genannt, gelegen in Westfriesland, da ist geschehen, dass junge Kinder, funf und sechsjährige, Mägdlein und Knaben mit einander spielten. Und sie ordneten ein Bublein an, das solle der Metzger sein, ein anderes Bublein, dass solle Koch sein, und ein drittes Bublein, das solle eine Sau sein. Ein Mägdlein, ordneten sie, solle Köchin sein, wieder ein anderes, das solle Unterköchin sein; und die Unterköchin solle in einem Geschirrlein das Blut von der Sau empfahen, dass man Wurste könne machen. Der Metzger geriet nun verabredetermassen an das Bublein, das die Sau sollte sein, riss es nieder und schnitt ihm mit einem Messerlein die Gurgel auf, und die Unterköchin empfing das Blut in ihrem Geschirrlein. Ein Ratsherr, der von ungefähr vorubergeht, sieht dies Elend: er nimmt von Stund an den Metzger mit sich und fuhrt ihn in des Obersten Haus, welcher sogleich den ganzen Rat versammeln liess. Sie sassen all' uber diesen Handel und wussten nicht, wie sie ihm tun sollten, denn sie sahen wohl, dass es kindlicher Weise geschehen war. Einer unter ihnen, ein alter weiser Mann, gab den Rat, der oberste Richter solle einen

---

9. Grimm, 1985, p. 809-810; tradução nossa [de Adam e Heidmann].

schönen roten Apfel in eine Hand nehmen, in die andere einen rheinischen Gulden, solle das Kind zu sich rufen und beide Hände gleich gegen dasselbe ausstrecken: nehme es den Apfel, so soll' es ledig erkannt werden, nehme es aber den Gulden, so solle man es töten. Dem wird gefolgt, das Kind aber ergreift den Apfel lachend, wird also aller Strafe ledig erkannt.

Dans une ville appelée Franecker, située dans l'ouest du Friesland, il est arrivé que de jeunes enfants, âgés de cinq à six ans, des fillettes et des garçonnets jouaient ensemble. Et ils ordonnèrent à un petit garçon de faire le boucher, à un autre de faire le cuisinier, et à un troisième de faire la truie. Ils ordonnèrent à une fillette de faire la cuisinière, et à une autre encore l'aide cuisinière; et l'aide cuisinière devrait recueillir le sang de la truie dans une dînette pour qu'on puisse en faire des saucissons. Le boucher s'en prit comme convenu au garçonnet qui était la truie, le jeta à terre et lui trancha, avec un petit couteau, la gorge, et l'aide cuisinière recueillit le sang dans sa dînette. Un conseiller d'état, passant par là par hasard, voit cette misère: il emmène tout de suite le boucher avec lui et le mène dans la maison du maire qui convoqua immédiatement le conseil tout entier. Penchés tous sur cette affaire, les conseillers ne savaient pas ce qu'ils devaient lui faire car ils voyaient bien que tout cela s'était passé de manière enfantine. Un d'entre eux, un vieux monsieur sage, donna le conseil au plus haut magistrat de prendre une belle pomme rouge dans une main et dans l'autre une pièce d'or rhénane, de faire venir l'enfant en lui tendant les deux mains de la même façon: s'il prenait la pomme, il devait être gracié, s'il prenait par contre la pièce de monnaie, on devait le mettre à mort. On procéda de la sorte, l'enfant saisit la pomme en riant, et fut donc reconnu exempt de toute punition.

Numa cidade chamada Franecker, situada no oeste do Friesland, aconteceu que crianças pequenas, com a idade de cinco a seis anos, menininhas e menininhos brincavam juntos. E eles ordenaram a um menininho para fazer uma fogueira, a um outro para se fazer de cozinheiro, e a um terceiro para se fazer de porca. Eles ordenaram a uma menininha para se fazer de cozinheira, e a uma outra, ainda, de ajudante de cozinheira; e a ajudante de cozinheira deveria recolher o sangue da porca em um potinho para que com ele pudessem fazer salsichas. O açougueiro pegou como estava combinado o menininho que era a porca, jogou-o por terra e lhe cortou, com uma pequena faca, a garganta, e a ajudante de cozinheira recolheu o sangue com seu potinho. Um conselheiro de estado, passando ali por acaso, viu aquela miséria: ele carrega imediatamente o açougueiro consigo e o leva à casa do prefeito que convoca imediatamente o conselho inteiro. Debruçados todos sobre esse caso, os conselheiros não sabiam o que deviam fazer com ele, pois viam bem que tudo aquilo havia se passado de maneira infantil. Um dentre eles, um velho senhor sábio, deu o conselho ao mais alto magistrado para pegar uma bela maçã vermelha numa mão e na outra uma peça de ouro renano, fazer vir a criança estendendo-lhe as duas mãos da mesma forma: se ela pegasse a maçã, ela devia ser agraciada, se ela pegasse no entanto a peça de moeda, deveriam levá-la à morte. Procederam dessa forma, a criança pegou a maçã sorrindo e foi então reconhecida isenta de toda punição.

II.

Einstmals hat ein Hausvater ein Schwein geschlachtet, das haben seine Kinder gesehen; als sie nun Nachmittag miteinander spielen wollen, hat das eine Kind zum andern gesagt «du sollst das Schweinchen und ich der Metzger sein», hat darauf ein bloss Messer genommen, und es seinem Bruderchen in den Hals gestossen. Die Mutter, welche oben in der Stube sass und ihr jungstes Kindlein in einem Zuber badete, hörte das Schreien ihres anderen Kindes, lief alsbald hinunter, und als sie sah, was vorgegangen, zog sie das Messer dem Kind aus dem Hals und stiess es im Zorn dem andern Kind, welches der Metzger gewesen, ins Herz. Darauf lief sie alsbald nach der Stube und wollte sehen, was ihr Kind in dem Badezuber mache, aber es war unterdessen in dem Bad ertrunken; deswegen dann die Frau so voller Angst ward, dass sie in Verzweifelung geriet, sich von ihrem Gesinde nicht wollte trösten lassen, sondern sich selbst erhängte. Der Mann kam vom Felde, und als er dies alles gesehen, hat er sich so betrubt, dass er kurz darauf gestorben ist.

Autrefois, un père de famille a abattu un cochon, et ses enfants ont vu cela; au moment de jouer ensemble, dans l'après-midi, un des deux enfants a dit à l'autre: «Tu serais le porcelet et moi le boucher»; ensuite il a pris un simple couteau et l'a enfoncé dans le cou de son petit frère. La mère, qui était dans la salle à l'étage et qui donnait le bain à son plus jeune enfant dans une cuve, entendit le hurlement de son autre enfant, courut aussitôt en bas, et lorsqu'elle vit ce qui s'était passé, elle sortit le couteau de la gorge de l'enfant et, dans sa colère, l'enfonça dans le cœur de l'enfant qui avait été le boucher. Ensuite elle courut aussitôt vers la salle et voulut voir ce que faisait son enfant dans la cuve, mais il s'était entre temps noyé dans le bain; à la suite de quoi, la femme fut tellement angoissée qu'elle sombra dans le désespoir, qu'elle ne voulut pas se laisser consoler et qu'elle se pendit elle-même. L'homme revint des champs et, voyant tout cela, fut tellement triste qu'il mourut peu de temps après.[10]

> Outra vez, um pai de família abateu um porco, e seus filhos viram aquilo; no momento de brincar juntos, à tarde, uma das duas crianças disse à outra: "Tu serás o porquinho e eu o açougueiro"; em seguida, pegou uma simples faca e a enfiou no pescoço de seu pequeno irmão. A mãe, que estava na sala de cima e que dava banho em seu filho mais novo em uma tina, escutou o berro de seu outro filho, correu logo para baixo e logo que viu o que havia se passado, tirou a faca da garganta da criança e, na sua cólera, enfiou-a no coração da criança que havia sido o açougueiro. Em seguida ela correu logo para a sala e quis ver o que fazia seu filho na tina, mas ele se havia, enquanto isso, afogado no banho; em seguida de que, a mulher ficou tão angustiada que afundou no desespero, que não quis se deixar consolar e que se enforcou. O homem veio dos campos e, vendo tudo aquilo, ficou tão triste que morreu pouco tempo depois.

Em suas notas, os Grimm especificam a fonte escrita desses dois textos. A narrativa 22-I é a retomada de um artigo do *Berliner Abendblätter*, de 13 de novembro de 1810, no qual o escritor e editor Heinrich von Kleist comenta uma peça de Zacharias Werner, *Der vierundzwanzigste Februar* (*Le Vingt-Quatre Février* [O vinte e quatro de fevereiro]). Ele introduz sua crítica teatral pelo que se tornará a narrativa 22-I, sob o título de *Von einem Kinde, das kindlicher Weise ein anderes Kind umbringt* (*D'un enfant qui, d'une façon enfantine, tue un autre enfant* [De uma criança que, de uma forma infantil, mata uma outra criança]). Kleist esclarece que trata-se de uma anedota copiada de "um velho livro". Em conformidade com o uso retórico do *exemplum* narrativo, ele utiliza essa narrativa de manchete de notícia como gancho no movimento de uma argumentação jornalística. Essa peça estabelece o gênero teatral da "tragédia do destino" (*Schicksalstragödie*),[11] que conhecerá logo um grande sucesso na Alemanha. Montada pelo próprio

---

10. Grimm, 1985, p. 809-810; tradução de Adam e Heidmann.

11. *Le Malentendu*, de Albert Camus, é uma das manifestações modernas desse gênero teatral.

Zacharias Werner, em 1809, no castelo de Coppet, residência de Germaine de Staël, com August Wilhelm von Schlegel como ator, a peça foi encenada por Goethe, em Weimar, e executada em 24 de fevereiro de 1810, com onze reapresentações seguidas, liberando "a mais viva emoção entre os espectadores que, talvez, jamais um autor moderno tenha provocado".[12] Essa citação é de Kleist, ele próprio autor de teatro inovador e inclassificável. A peça de Werner conta o retorno incógnito do filho fratricida e o seu assassinato pelo próprio pai.[13] Sua primeira característica é tornar densa a intriga do início ao fim do episódio sangrento de 22-I. Ele é encontrado numa narração retrospectiva feita pelos pais a aquele que ignoram ser seu filho:

KUNTZ. Genug! —
Einstmals im Februar,
Als 's Mädel just zwei Jahr' alt war,
Der Bube sieben — 's war auch grad' am Sterbenstag
Des Vaters! — Dort das Unglucksmesser lag
Am Boden — beide Kinder spielten auf der Schwelle.
Die Alte da, die hatte eben
Ein Huhn geschlachtet —
TRUDE. Ach! Noch denk ich dran mit Beben!
Entgegen krisch es mir, das Huhn,
Wie Fluch, wie Vater, als er röchelnd nun
Im Sterben lag! —
KUNTZ. Der Bube hat's geseh'n:
Das Huhn abschlachten! — "Komm" rief er zum Schwesterlein,
"Wir wollen Kuche spielen — ich will die Köchin sein,
Sei du das Huhn!" — Ich seh' ihn sich nach dem Messer dreh'n;

---

12. "[…] welches in Weimar und Lauchstadt schon oft mit einem so lebhaften Antheil gesehen worden ist als vielleicht kein Werk eines modernen Dichters", *Berliner Abendblätter*, hrsg.v. Heinrich von Keist. Nachwort und Quellenregister v. H.Sembdner, Darmstadt (Wissenschaftliche Buchgesellschaft), 1982, p. 149.

13. A. Aarne e S. Thompson organizaram, em 1928, as narrativas do "Fils Assassiné" [Filho assassinado] em uma subclasse dos "contes nouvellistiques" [contos novelísticos], que eles distinguem dos contos maravilhosos. Eles dão a essa categoria genérica o nome de "Nouvelles de destin" [novelas de destino], que lembra o do gênero teatral que Werner inaugura.

Ich spring' hinzu! — Doch schon war es gescheh'n!
Das Mädel lag im Blut — der Hals ihr abgeschnitten,
Vom Bruder! — Meint ihr? — Ja! Viel hab' ich, Herr, gelitten!
KURT. Da habt ihr ihn verflucht!—
KUNTZ. Merkt ihr es? — Das Gericht,
weil er ein Kind noch war, es straft' ihn nicht;
Da musst' ich denn dem Recht zu Hilfe kommen! —
Ich flucht ihm — ja![14] —

KUNTZ (le père): Assez! Autrefois, en février, alors que la petite fille avait juste deux ans, le garçon sept — c'était également juste le jour anniversaire de la mort du père! — Ce couteau du malheur était à terre — les deux enfants jouaient sur le seuil. La vieille, là, elle venait d'abattre une poule —

TRUDE (la mère): Ah! j'y pense encore en tremblant! La poule poussa un cri déchirant dans ma direction, comme une malédiction, comme le râle du père tandis qu'il agonisait.

KUNTZ (le père): Le garçon a vu ça: abattre la poule! "Viens", dit-il à sa petite sœur, "jouons au jeu de la cuisine— Je serais la cuisinière, et toi tu serais la poule!" — Je le vois se tourner vers le couteau; j'accours! — mais c'en était déjà fait! la petite fille était étendue dans son sang — le cou était coupé, par le frère! — Vous pleurez? — Oui! J'ai beaucoup souffert, Monsieur!

KURT (le fils): Alors vous l'avez maudit!

KUNTZ: Vous comprenez? — Le tribunal, comme il était encore un enfant, ne le punit pas; alors j'ai dû moi-même venir au secours du droit!— Je l'ai maudit— oui! — […][15]

KUNTZ (o pai): Basta! Outra vez, em fevereiro, quando a pequena filha tinha justo dois anos, o menino de sete — era igualmente justo o dia de aniversário da morte do pai! — Essa faca da infelicidade estava no chão — as duas crian-

---

14. Zacharias Werner, *Der vierundzwanzigste Februar*, editado por Eugen Kilian, Frauenfeld und Leipzig, Verlag von Huber & Co., 1924, p. 68-69.

15. Nossa tradução de trabalho revisa a de G. de Baer, bastante livre, em *Chefs-d'œuvre du théâtre allemand. Werner, Mullner* (Ladvocat, Paris, 1823). Respeitamos muito estritamente a pontuação oralizante de Werner, marcada por travessões e múltiplos dêiticos.

ças brincavam na entrada de casa. Na véspera, ali, ela havia abatido uma galinha —

TRUDE *(a mãe)*: Ah! Penso naquilo ainda tremendo! A galinha deu um grito lancinante na minha direção, como uma maldição, como o ralho do pai enquanto agonizava.

KUNTZ *(o pai)*: O menino viu isso: abater a galinha! "Vem", disse ele a sua irmãzinha, "brinquemos do jogo da cozinha — Eu serei a cozinheira, e tu serás a galinha!" — Eu o vejo se voltar para a faca; eu acorro! — mas já estava feito! A menininha estava estendida no seu sangue — o pescoço estava cortado, pelo irmão! — Vós chorais? — Sim! Eu tenho muito sofrido, Senhor!

KURT *(o filho)*: Então vós o amaldiçoastes!

KUNTZ *(o pai)*: Vós compreendeis? — O tribunal, como ele era ainda uma criança, não o puniu; então eu mesmo tive que vir em socorro do direito! — Eu o amaldiçoei — Sim! — [...]

Esse extrato lexicaliza a "tragédia do destino": a faca é chamada "faca da infelicidade" ["couteau du malheur"] (*das Unglucksmesser*), o grito da galinha soa "como uma maldição" ["comme une malédiction"] (*wie Fluch*) antes que o pai, substituindo o tribunal, repita sobre seu filho assassino a mesma maldição que fora pronunciada em seu lugar, no passado, por seu pai. De fato, um dia em que ele estava exasperado pelas injustas recriminações de seu pai (o avô da criança assassina), Kuntz atirou-lhe, sem o atingir, a "faca da infelicidade". Essa afronta está na origem da crise cardíaca que matou o avô e, sobretudo, da maldição que este último lançou, na ocasião, num ralho de repreensão, sobre a família inteira. Essa maldição traduz-se pela ruína da família e pela marca de nascimento que o filho traz no braço esquerdo: uma foice ensanguentada, "sinal de Caim". Todo o sentido da narrativa de Werner reside no redobramento da cadeia do destino trágico que atinge a família. Essa complexificação das causalidades sobressai-se bastante na comparação com os textos de Kleist e dos Grimm. O comentário de Kleist (1810, p. 149) sublinha a importância do destino, ao centrar sua interpretação no objeto: "Essa funesta faca do crime, que é, nessa tragédia, o punhal inquietante do destino" (*Das unselige Mordmesser, welches in jener Tragödie der unruhige Dolch des Schicksals ist*). Com efeito, em três retomadas, Werner faz a mesma faca desempenhar um papel nos três diferentes assassinatos. As variações não são simples cópias da mesma anedota. Se o motivo do assassino infantil é o mesmo, Werner inventa uma causalidade narrativa diferente: se a criança mata sua irmãzinha é, certamente, porque ela viu sua mãe matar uma galinha, mas é, sobretudo, porque uma maldição pesa sobre a família. Werner acrescenta um desenlace trágico ao fazer matar o filho, que havia retornado rico e incógnito, por seu próprio pai, numa reação de desespero do hoteleiro arruinado.

Contrastando em relação a essa encenação complexa, a narrativa emprestada de Kleist pelos Grimm é composta de dois episódios: o do jogo criminoso das crianças e, em seguida, o do tribunal e da graça concedida ao assassino. Essa continuação dada ao episódio da morte torna possíveis uma análise das intenções do ator principal do crime e a interrupção do desencadeamento da violência pela graça concedida à criança assassina. Essa análise da intencionalidade na qual se baseia o julgamento acrescenta à narrativa uma interrogação sobre o agir humano. A prova que traz o feliz desenlace parece menos o fato de um tribunal civil que de um Conselho de Sábios que pronuncia uma espécie de "julgamento de Salomão". Esse desenlace inscreve a narrativa em um gênero muito diferente da manchete de notícia. Nas notas feitas à mão em seu exemplar da coletânea de 1812, Wilhelm Grimm reprova essa narrativa de uma "lenda oriental" que põe em cena o pequeno Moisés. Ele inscreve, assim, o conto 22-I no gênero das lendas bíblicas:

> *Als nach orient. Sage (Rosenöhl S. 88) Farao den kleinen Moses spielend auf den Armen liebkoste, zog dieser ihn mit der einen Hand beim Barte bis zur Erde mit der andern schlug er ihm die Krone vom Haupt. Er soll versucht werden, ob er schon den Gebrauch der Vernunft habe oder nicht u es ward ihm ein Becken voll <u>Glut</u> u ein Becken voll <u>Gold</u> hingestellt. Greift es nach jener so ist es unschuldig, greift es nach dieser, ist es schuldig. Moses wollte zwar nach dem Golde greifen, allein der Erzengel Gabriel leitete ihm die Hand nach der Glut, die er zum Mund fuhrte.* (Souligné par W. Grimm)

> Selon la légende orientale (Rosenöhl p. 88), en jouant, le pharaon chérissait dans ses bras le petit Moïse, celui-ci, le prenant par la barbe, le tira vers le bas d'une main et de l'autre, le frappa sur sa couronne et la fit tomber. Il dut être mis à l'épreuve, pour savoir s'il avait ou non déjà l'usage de la raison et on

posa devant lui une cuvette pleine de <u>braises</u> et une cuvette pleine d'<u>or</u>. S'il prenait des braises, alors il était innocent, s'il prenait l'or, alors il était coupable. En réalité, Moïse voulut prendre l'or, mais l'archange Gabriel guida sa main vers les braises, qu'il dirigea vers sa bouche.[16]

> Segundo a lenda oriental (Rosenöhl, p. 88), ao brincar, o faraó carregava em seus braços o pequeno Moisés; este, pegando-o pela barba, puxou-o para baixo com uma mão e, com a outra, bateu-lhe sobre a coroa e a fez cair. Ele teve de ser posto à prova, para saber se já tinha ou não o uso da razão e puseram diante dele uma tina cheia de <u>brasas</u> e uma tina cheia de <u>ouro</u>. Se ele pegasse as brasas, então era inocente; se ele pegasse o ouro, então ele era culpado. Na realidade, Moisés quis pegar o ouro, mas o arcanjo Gabriel guiou sua mão para as brasas, que ele levou à boca. (Sublinhado por W. Grimm)

Essas notas acrescentadas garantiram o valor moral de 22-I. Ao sublinhar, claramente, a irresponsabilidade do assassino, o lugar dessa narrativa sangrenta é, de certo modo, justificado no âmbito da coletânea. Por outro lado, a explicitação do gênero de origem da narrativa torna mais manifesto o importante trabalho que os Grimm operam nos gêneros para constituir o conjunto ainda heterogêneo, em 1812, dos *Kinder- und Hausmärchen*.

O tom bastante realista, a brevidade e a simplicidade linear da narração tornam a narrativa 22-II mais terrificante e muito diferente da primeira.[17] Esse curto texto apresenta uma particularidade estilística que nossa tradução tenta recuperar: os fatos sucedem-se quase mecanicamente ("ensuite" [em seguida], "à la suite de quoi" [em seguida de que]). Tem-se uma sucessão linear de causas e efeitos em cadeia que acentua as correlativas de intensidade que traduzimos por "tellement... que..." [tanto... que...]:

> [...] *deswegen dann die Frau SO voller Angst ward, dass sie in Verzweifelung geriet, sich von ihrem Gesinde nicht wollte trösten lassen, sondern sich selbst erhängte. Der*

---

16. *Kinder- und Hausmärchen. Transkriptionen und Kommentare*, edições de 1812 e de 1815, feitas por H. Rölleke, 1986, p. 61; tradução de Adam e Heidmann.

17. A respeito dessas duas narrativas, em *Poétique du conte*, Nicole Belmont (1999, p. 30) fala "de uma história em duas versões ligeiramente diferentes". Nossa análise é bastante diferente.

Mann kam vom Felde, und als er dies alles gesehen, hat er sich SO betrubt, dass er kurz darauf gestorben ist. (nous soulignons)

[...] à la suite de quoi, la femme fut TELLEMENT angoissée QU'elle sombra dans le désespoir, QU'elle ne voulut pas se laisser consoler ET QU'elle se pendit elle-même. L'homme revint des champs et, voyant tout cela, fut TELLEMENT triste QU'il mourut peu de temps après.

[...] em seguida de que, a mulher ficou TÃO angustiada QUE afundou no desespero, QUE não quis se deixar consolar E QUE se enforcou. O homem veio dos campos e, vendo tudo aquilo, ficou TÃO triste QUE morreu pouco tempo depois. (Ênfase de Adam e Heidmann)

A intencionalidade humana é aqui reduzida: o jogo das crianças é "inocente", a mãe mata impulsivamente seu filho assassino, a criança menor se afoga por acidente. Se a agentividade é fraca, a emoção dos agentes é, no entanto, máxima, e seus estados mentais acentuados. É o impulso passional do desespero que conduz a mãe ao suicídio e é a intensidade do sofrimento que mata o pai. Essa forma bastante econômica leva a uma narrativa minimalista. Como filólogos eruditos, nas notas impressas, os irmãos Grimm assinalam a fonte e, sobretudo, a continuação dessa história que parece tirada de uma coletânea de *exempla*. Eles indicam as *Mélanges*, de Martin Zeiler, o qual teria, ele próprio, no século XVII, copiado a narrativa das *Lectiones memorabiles* de Johan Wolf, e dão a continuação dessa história que eles, então, decidiram cortar:

> *Es wird hinzugesetzt, der Papst, der zur Zeit dieser Geschichte gelebt und ein fertiger Poet gewesen, habe versucht sie in ein Distichon zu bringen, es aber nicht vermocht. Da habe er einen staatlichen Preis darauf gesetzt, den ein armer Student verdienen wollen, dieser habe sich auch lange umsonst gequält, bis er endlich unmutig die Feder weggeworfen und ausgerufen: "kann ich's nicht, so mags der Teufel machen!" Dieser sei alsbald erschienen, habe gesagt er wolle es zu Stand bringen, die Feder aufgenommen und geschrieben:*
> >*Sus, pueri bini, puer unus, nupta, maritus,*
> >*Cultello, lympha, fune, dolore cadunt.*

Il est dit que le Pape, qui vivait à l'époque de cette histoire et qui était un poète accompli, aurait tenté de la mettre en distique, mais n'y serait pas parvenu.

Il aurait alors proposé un prix considérable, qu'un pauvre étudiant aurait voulu remporter, celui-ci se serait, lui aussi, donné bien du mal pour rien, jusqu'à ce que, finalement, découragé, il jette sa plume et s'écrie: "Si je ne peux pas, que le diable le fasse!" Ce dernier serait aussitôt apparu, aurait dit qu'il voulait le faire, il aurait pris la plume et aurait écrit:

> Le cochon, les deux garçons, le garçon seul, l'épouse, le mari,
> Par le couteau, l'eau, la corde, la douleur, tombent.[18]

Diz-se que o Papa, que vivia na época desta história e era um poeta completo, teria tentado escrevê-la em dístico, mas não teria conseguido. Ele teria então proposto um prêmio considerável, que um pobre estudante teria querido ganhar; este teria, ele também, se dado bem mal por nada, até que, finalmente, desencorajado, atirou sua pena e gritou: "Se eu não posso, que o diabo o faça!". Este último teria logo aparecido, teria dito que queria fazer, teria pego a pluma e teria escrito:

> O porco, os dois meninos, o menino só, a esposa, o marido,
> Pela faca, pela água, pela corda, pela dor, tombam.

Ao rejeitar, nas notas, essa continuação da história de morte, os Grimm suprimem a reflexão metanarrativa sobre o horror dos fatos relatados. Nesse prolongamento de 22-II, o horror é concentrado em um dístico sintática e narrativamente muito interessante. O primeiro verso, que corresponde à parte temática dessa frase periódica latina, enumera a lista de vítimas (*patients*, na terminologia da gramática dos casos). As mortes do porco, das três crianças e dos pais são, assim, gramaticalmente colocadas sob um mesmo plano. A parte remática da frase põe o verbo *cadunt* em relevo no final do período. O duplo sentido do verbo latino é atualizado aqui: o sentido de *morrer, desaparecer, sucumbir*, certamente, mas também o sentido retórico-gramatical de *fim de frase* ou *fechamento rítmico do período*. Sobrevindo após a lista dos diferentes instrumentos da morte (em gramática dos casos, fala-se de *ablativus instrumentalis* ou de *instrument*), esse verbo uniformiza, sem qualquer expressão de emoção nem tentativa de explicação, a morte de todas as personagens (atitude da qual só o diabo

---

18. Grimm, 1986 (v. 2), p. XVI; são nossas as traduções, para o francês, das notas do volume de 1815 e do dístico latino.

parece capaz). Reforçada pelo paralelismo poético, essa relação dos instrumentos (verso 2) com os pacientes-vítimas (verso 1) tem por efeito, sobretudo, fazer desaparecer sintaticamente os agentes da ação. A narratividade é, assim, reduzida a seu mais baixo grau de manifestação. A simples enumeração, sob forma de relação de ações desprovidas de agentes e de motivações, tem mais peso do que a intriga. O agir humano não é questionado nem esclarecido pela narrativa. Estamos muito longe da definição das "condições elementares de uma sequência narrativa" e da narrativa proposta por Umberto Eco (1985, p. 137) em *Lector in Fabula*:

> Uma narração é uma descrição de ações que requer, para cada ação descrita, um *agente*, uma *intenção* do agente, um *estado* ou mundo possível, uma *mudança*, com sua *causa* e *questão* que a determina; poderíamos acrescentar a isso *estados mentais, emoções, circunstâncias*.

A narrativa 22-II difere da factualidade linear do dístico atribuído ao diabo em pessoa. Sua narrativa mínima confere uma outra orientação genérica ao *Kinder- und Hausmärchen*. Por outro lado, as notas dos Grimm inscrevem esse núcleo narrativo no gênero das lendas e dos contos religiosos cristãos. Ao suprimir essa dimensão "diabólica", os Grimm colocam, assim, a cadeia mortal dos atos em um outro mundo semântico e genérico.

1.3 Contos de medo e contos de advertência

Inseridos na coletânea da primeira edição, os *Kinder- und Hausmärchen* 22-I e 22-II são peritextualmente declarados "Märchen". Os textos que os rodeiam são mais contos maravilhosos. Torna-se, assim, difícil reconhecer, no drama familiar de tom realista e cru de 22-II, o "charme indescritível" que os Grimm (1986, p. VIII-IX) atribuem aos "inocentes contos domésticos" em seu prefácio de 1812.

> Innerlich geht durch diese Dichtungen dieselbe Reinheit, um derentwillen uns Kinder so wunderbar und seelig erscheinen […].

> Diese unschuldige Vertraulichkeit des grössten und kleinsten hat eine unbeschreibliche Lieblichkeit in sich, und wir mögten lieber dem Gespräch de Sterne mit einem armen verlassenen Kind im Wald, als dem Klang der Sphären zuhören- Alles schöne ist golden und mit Perlen bestreut, selbst goldne Menschen leben hier, das Ungluck aber eine finstere Gewalt, ein ungeheurer menschenfressender Riese, der doch wieder besiegt wird, da eine gute Frau zur Seite steht, welche die Noth glucklich abzuwenden weiss, und dieses Epos endigt immer, indem es eine endlose Freude auftut. (1812: VIII et IX)

Ces compositions sont traversées par la même pureté intérieure qui nous fait apparaître les enfants si merveilleux et bienheureux [...].
Cette innocente familiarité du plus grand et du plus petit recèle un charme indescriptible [...]. Tout ce qui est beau est d'or et semé de perles, même des hommes en or vivent ici, mais le malheur est une force sinistre, un géant qui dévore les êtres humains et cependant finit par être vaincu, puisqu'une femme pleine de bonté est là, qui sait détourner la détresse avec bonheur, et cette épopée se termine toujours en ouvrant sur une joie sans fin. (Grimm, 1812, p. VIII-IX; tradução de Adam e Heidmann)

> Essas composições estão atravessadas pela mesma pureza interior que nos revelam as crianças maravilhosas e felizes [...].
> Essa inocente familiaridade da maior e da menor irradia um charme indescritível [...]. Tudo o que é belo é de ouro e semeado de pérolas, mesmo homens de ouro vivem aqui, mas o mal é uma força sinistra, um gigante que devora os seres humanos e, no entanto, acaba por ser vencido, uma vez que uma mulher cheia de bondade está lá, que sabe desviar a desgraça com bondade, e essa epopeia termina sempre abrindo uma alegria sem fim.

Longe de "desviar a desgraça" e de terminar "com uma alegria sem fim", o conto das crianças açougueiras torna visível o afastamento que existe entre a definição projetiva dos Grimm e certos textos da primeira edição de 1812. É essa presença de histórias que amedrontariam as crianças (*Kinderschreckgeschichten*) que é criticada por Achim von Arnim, esposo e pai dos dedicatários do volume de 1812. Wilhelm Grimm responde-lhe, numa carta de 28 de janeiro de 1813, que emprestava a essas duas narrativas um valor educativo: "O conto do abate" [*Das Märchen von dem*

Schlachten] foi-me contado por minha mãe, na minha juventude, mas ele me tornou, justamente, mais prudente e medroso ao brincar" (1985, p. 1279; tradução nossa). Em 1819, os irmãos Grimm renunciam a retomar esses dois "*Märchen*" na segunda edição. Esses textos estão muito deslocados em relação à definição genérica dos Grimm e ao sentido educativo e moral que vai orientar, cada vez mais explicitamente, as reedições sucessivas dos *Kinder- und Hausmärchen*. No entanto, eles não suprimirão o texto imediatamente seguinte: *Von dem Mäuschen, Vögelchen und der Bratwurst* (*Du souriceau, du petit oiseau et de la saucisse*) [Do pequeno camundongo, do passarinho e da salsicha].

Esse conto 23, que, no entanto, termina muito mal, apresenta uma característica muito diferente de 22-I e de 22-II. Desde a cena de abertura, estamos num mundo maravilhoso onde o passarinho, o pequeno camundongo e a salsicha são, todos, dotados de fala e capazes de ações humanas:

23.
Von dem Mäuschen, Vögelchen und der Bratwurst
Es waren einmal ein Mäuschen, ein Vögelchen und eine Bratwurst in Gesellschaft gerathen, hatten einen Haushalt gefuhrt, lang wohl und köstlich im Frieden gelebt und trefflich an Gutern zugenommen. Des Vögelchens Arbeit war, dass es täglich in Wald fliegen Holz beibringen musste. Die Maus sollte Wasser tragen, Feuer anmachen und Tisch decken, die Bratwurst aber sollte kochen. (Grimm, 1986 [1812], p. 104)

Du souriceau, du petit oiseau et de la saucisse
Une fois, un souriceau, un petit oiseau et une saucisse s'étaient mis ensemble; formant un ménage, ils avaient longtemps fort bien vécu, délicieusement en paix et avaient largement prospéré. Le petit oiseau avait pour tâche de voler chaque jour dans la forêt pour ramasser du bois; le souriceau devait porter l'eau, allumer le feu et mettre la table; la saucisse quant à elle devait faire la cuisine.

Do pequeno camundongo, do passarinho e da salsicha
Uma vez, um pequeno camundongo, um passarinho e uma salsicha haviam ficado juntos; formando uma família, eles haviam por muito tempo vivido muito bem, deliciosamente e em paz e haviam largamente prosperado. O

pequeno pássaro tinha por tarefa voar cada dia na floresta para juntar lenha; o pequeno camundongo devia trazer a água, acender o fogo e pôr a mesa; a salsicha, por sua vez, devia cozinhar.

O narrador interrompe logo, claramente, a orientação argumentativa desse conto: "*Wem zu wohl ist, den gelustert immer nach neuen Dingen!*" (Celui qui se sent trop bien convoite toujours de nouvelles choses! [Aquele que se sente bem demais ambiciona sempre coisas novas!]). A retórica considera esse enunciado que resume exclamativamente a narrativa como um *epifenômeno*. Nessa posição, ele exerce um duplo papel de orientação argumentativa e de prefiguração da continuação da intriga, transformando a narrativa em simples ilustração da máxima moral. Na continuidade, o passarinho propõe mudar a ordem das tarefas e essa revolução social termina com a morte dos três heróis: a salsicha é massacrada e devorada por um cão, o pequeno camundongo é cozido na frigideira e o passarinho, afogado num poço. Essa narrativa 23 não tem a nudez do texto 22-II e do dístico do diabo, do qual se aproxima em razão de seu fim catastrófico. Estes últimos não comportam moral explícita e desenrolam-se em um mundo bastante realista, que não tem nada a ver com as tarefas domésticas de salsicha, passarinho e pequeno camundongo.

Em vez de fazer do vasto gênero dos contos um conjunto homogêneo com desenlace feliz, ele é útil para distinguir os *contos de medo* (*Kinderschreckmärchen*) e os *contos de advertência* ou de *alerta* (*Warnmärchen*). A saída dramática de 22-II e de 23 inscreve-os mais propriamente na primeira variação genérica. Por comparação, o *Rotkäppchen* [Chapeuzinho Vermelho] dos Grimm é mais um *conto de advertência* ou de *alerta*. Em um primeiro momento, a menininha, retirada do ventre do lobo pelo caçador, extrai, ela mesma, uma lição de sua aventura:

> *Da waren alle drei vergnugt; der Jäger zog dem Wolf den Pelz ab und ging damit heim, die Großmutter aß den Kuchen und trank den Wein, den Rotkäppchen gebracht hatte, und erholte sich wieder, Rotkäppchen aber dachte: "Du willst dein Lebtag nicht wieder allein vom Wege ab in den Wald laufen, wenn dir's die Mutter verboten hat*". (Grimm, 2001 [1857], p. 159-160)

Alors tous les trois furent heureux; le chasseur dépeça le loup, la grand-mère mangea le gâteau et but le vin que Petit Chaperon Rouge lui avait apporté. Mais Petit Chaperon Rouge pensa: "Jamais plus de ta vie tu ne quitteras le chemin pour courir toute seule dans la forêt, quand ta mère te l'a défendu".

Então todos os três foram felizes; o caçador despedaçou o lobo, a avó comeu o bolo e bebeu o vinho que Chapeuzinho Vermelho havia-lhe trazido. Mas Chapeuzinho Vermelho pensou: "Jamais em tua vida tu deixarás o caminho para correr sozinha na floresta, quanto tua mãe te tenha proibido isso".

Mas a história contada pelos Grimm não acabou ainda. Ela continua com uma aplicação da advertência bem guardada pela heroína, que figura, assim, a "boa" compreensão visada nos jovens leitores e ouvintes do conto:

Es wird auch erzählt, daß einmal, als Rotkäppchen der alten Großmutter wieder Gebackenes brachte, ein anderer Wolf ihm zugesprochen und es vom Wege habe ableiten wollen. Rotkäppchen aber hutete sich und ging gerade fort seines Wegs und sagte der Großmutter, daß es dem Wolf begegnet wäre, der ihm guten Tag gewunscht, aber so bös aus den Augen geguckt hätte: "Wenn's nicht auf offner Straße gewesen wäre, er hätte mich gefressen." — "Komm", sagte die Großmutter, "wir wollen die Ture verschließen, daß er nicht herein kann." Bald darnach klopfte der Wolf an und rief: "Mach auf, Großmutter, ich bin das Rotkäppchen, ich bring dir Gebackenes." Sie schwiegen aber still und machten die Ture nicht auf: da schlich der Graukopf etlichemal um das Haus, sprang endlich aufs Dach und wollte warten, bis Rotkäppchen abends nach Haus ginge, dann wollte er ihm nachschleichen und wollt's in der Dunkelheit fressen. Aber die Großmutter merkte, was er im Sinn hatte. Nun stand vor dem Haus ein großer Steintrog, da sprach sie zu dem Kind: "Nimm den Eimer, Rotkäppchen, gestern hab ich Wurste gekocht, da trag das Wasser, worin sie gekocht sind, in den Trog." Rotkäppchen trug so lange, bis der große, große Trog ganz voll war. Da stieg der Geruch von den Wursten dem Wolf in die Nase, er schnupperte und guckte hinab, endlich machte er den Hals so lang, daß er sich nicht mehr halten konnte und anfing zu rutschen: so rutschte er vom Dach herab, gerade in den großen Trog hinein, und ertrank. Rotkäppchen aber ging fröhlich nach Haus, und tat ihm niemand etwas zuleid. (Grimm, 2001 (1857), p. 159-160)

On raconte aussi, qu'une fois, lorsque Petit Chaperon Rouge apporta de nouveau du gâteau à sa vieille grand-mère, un autre loup lui adressa la parole pour la détourner de son chemin. Mais Petit Chaperon Rouge s'en garda bien et continua à marcher tout droit, et dit à sa grand-mère qu'elle avait vu le loup, qu'il lui avait souhaité le bonjour, mais qu'il l'avait regardée avec un air tellement méchant: "Si ça n'avait pas été en pleine rue, il m'aurait dévorée." — "Viens, dit la grand-mère nous allons fermer la porte comme ça il ne pourra pas entrer". Peu après, le loup frappa à la porte et cria: "Ouvre, grand-mère, c'est le Petit Chaperon Rouge, je t'apporte du gâteau!" Mais elles gardèrent le silence et n'ouvrirent pas la porte, alors le méchant fit plusieurs fois le tour de la maison et sauta enfin sur le toit, voulant attendre le retour du Petit Chaperon Rouge chez lui le soir, alors il l'aurait suivie et la dévorée dans l'obscurité. Mais la grand-mère devina ce qu'il avait en tête; devant la maison il y avait une grande auge de pierre: "Va chercher le seau, Petit Chaperon Rouge, hier j'ai fait cuire des saucisses, porte l'eau dans laquelle je les ai fait cuire dans la grande auge de pierre." Petit Chaperon rouge en porta jusqu'à ce que la grande, grande auge fût pleine. Alors l'odeur des saucisses monta au nez du loup, il renifla et regarda en bas, et tendit enfin tellement le cou qu'il ne pouvait plus se tenir, commença à glisser, et glissa du toit et tout droit dans la grande auge de pierre et se noya. Petit Chaperon Rouge en revanche regagna sa maison joyeusement et en sécurité. (Tradução de Adam e Heidmann)

Conta-se, também, que, uma vez em que Chapeuzinho Vermelho trouxe de novo bolo para sua velha avó, um outro lobo dirigiu-lhe a palavra para desviá-la de seu caminho. Mas Chapeuzinho Vermelho se pôs bem alerta e continuou a andar em frente, e disse a sua avó que ela havia visto o lobo, que ele havia-lhe desejado bom dia, mas que ele a havia olhado com um ar muito malvado: "Se isso não houvesse sido em plena rua, ele haveria me devorado". Pouco depois, o lobo bateu à porta e gritou: "Abre, vovó, é o Chapeuzinho Vermelho, eu trago-lhe bolo!" Mas elas guardaram silêncio e não abriram a porta, então o malvado fez várias voltas em torno da casa e pulou enfim sobre o telhado, querendo esperar a volta do Chapeuzinho Vermelho para casa à noite, então ele iria segui-la e devorá-la na escuridão. Mas a avó adivinhou o que ele tinha na cabeça; diante da casa havia um grande cocho de pedra: "Vá buscar o balde, Chapeuzinho Vermelho, ontem eu cozinhei salsichas, ponha a água na qual eu as cozinhei no grande cocho de pedra.". Chapeuzinho Vermelho levou água até que o grande, grande cocho ficou cheio. Então o odor das salsichas subiu para o nariz do lobo, ele cheirou e olhou embaixo, e estendeu enfim tanto o pescoço que não podia mais se segurar, começou a escorregar, e escorregou do teto e bem direto dentro do grande cocho de pedra e se afogou. Chapeuzinho Vermelho, no entanto, voltou para sua casa alegremente e em segurança.

Se os Grimm toleram o fim dramático de uma história de salsicha, eles se distanciam do encerramento brutal do Chapeuzinho Vermelho de Perrault.[19] *Rotkäppchen* apresenta uma estrutura flexível que integra sua compreensão ao agir da própria heroína. Os contos 22-I, 22-II e 23 recusam toda idealização do mundo e mantêm o que André Jolles (1972, p. 192) chama de "imoralidade da realidade". O que se toma por uma lei do gênero (a recompensa dos bons e a punição dos malvados, a reparação das injustiças e dos malfeitos) não é, de fato, mais do que uma escolha entre possíveis variações genéricas.

Após este estudo das variações de uma história derivada do mesmo gênero narrativo dos *exempla*, o capítulo seguinte vai-nos permitir examinar um outro *Märchen* que os Grimm introduziram na sua coletânea dos *Kinder- und Hausmärchen* e depois o suprimiram — por razões bem diferentes. Foi, igualmente, uma similitude de intriga que motivou nossa atenção sobre as duas maneiras, dessa vez, contemporâneas, de conceber o gênero do conto que os irmãos Grimm e Andersen elaboram com base na diferença. Os Capítulos 2 e 3 vão mostrar isso.

---

19. Ver a esse respeito, Heidmann, 2009b.

Capítulo 2

Dos Grimm a Andersen: as transformações de um gênero* | **

A própria ideia de "similitude dos contos do mundo inteiro" (Propp, 1970, p. 27), que preside tanto a empresa estruturalista do autor de *Morphologie du conte* como a epistemologia dos especialistas do estudo dos contos, esconde a natureza das profundas diferenças disfarçadas pelas semelhanças de motivos. Dos Grimm a Andersen, as escolhas de orientação do gênero "conto" variam de forma sensível quando se olha de perto o tratamento que dão a uma história parecida, como faremos na segunda parte deste capítulo e no seguinte. Os contos que selecionamos e aos quais restringiremos o tema desenvolvido aos Capítulos 2 a 4 são emblemáticos de certos limites das abordagens dos contos escritos. Considerados como os menos originais de Andersen, por serem apresentados como próximos demais de uma suposta origem folclórica, faltar-lhes-iam a inventividade e a originalidade dos contos posteriores. Uma observação do prefácio de 1837 é sempre utilizada nesse sentido. Nela, Andersen afirma que três das narrativas do primeiro caderno inspiram-se em contos ouvidos durante sua infância.

---

* Traduzido por João Gomes da Silva Neto.

** Este capítulo retoma, muito amplamente, um estudo escrito por Ute Heidmann, "Raconter autrement" [Contar de outra maneira], publicado em *(Re)ler Andersen: Modernité de l´oevre*, M. Auchet (éd.), Paris: Klincksieck, 2007, p. 103-121.

Em minha infância, eu gostava de ouvir contos e histórias, vários permanecendo ainda bem vivos em minha lembrança; alguns me parecem bem dinamarqueses e saídos completamente do povo, em casa de estrangeiro algum eu os encontrei. Eu os contei à minha maneira, permitindo-me todas as modificações que achei convenientes, deixando minha imaginação avivar as cores empalidecidas das imagens. Dessa forma, nasceram quatro contos: "Le Briquet" [O isqueiro (mágico)], "Le petit Claus et le grand Claus" [O pequeno Claus e o grande Claus], "La Princesse sur le petit pois" [A princesa sobre a pequena ervilha] e "Le Compagnon de voyage" [O campanheiro de viagem]. [...] São completamente de minha invenção: "Les Fleurs de la petite Ida" [As flores da pequena Ida], "Poucette" [O pequeno polegar], "La Petite Sirène" [A pequena sereia]. (Andersen, 1992, p. 4, citado por Régis Boyer)

Essa observação leva os críticos a concentrarem seus esforços analíticos e interpretativos nos contos julgados mais "originais" e a permanecer, em relação aos demais, na constatação de sua semelhança temática com os contos da tradição. A pesquisa folclorística reforçou esse posicionamento ao erigir dois dos quatro primeiros contos de Andersen em realizações exemplares de certos *contos-tipo* da classificação de Aarne e Thompson (1964). "The Spirit in the Blue Light" (conto-tipo 562) é definido a partir de "Le briqué" [O isqueiro], de Andersen, e "Princess on de Pea" (conto-tipo 704), a partir de "La Princesse sur le petit pois" [A princesa sobre a pequena ervilha]. Nessa ótica, centrada nas semelhanças temáticas de motivos, uma frase do comentário de Andersen não recebeu a atenção que merece. Ao referir-se aos contos do primeiro caderno, ele diz tê-los *contado à sua maneira*, permitindo-se *todas as modificações* que achava convenientes e deixando sua *imaginação avivar as cores empalidecidas das imagens*.

2.1 Contar de outra maneira: uma poética da diferença

Os primeiros contos mostram a sutileza das diferenças que Andersen introduz por sua forma particular de contar histórias tematicamente próximas de contos escritos por outros[1]. Essa *poética da diferença* não é compreendida fora do intenso diálogo intertextual que Andersen empreende com escritores e contistas como Adam Oehlenschläger, Ludwig Tieck, Friedrich de la Motte Fouqué, Adalbert von Chamisso, Heinrich Heine, E. T. A. Hoffmann e Wilhelm Grimm, que ele considera um "poeta de contos" (*Eventyr Digter*).[2] Os dois primeiros contos do primeiro caderno ("Le Briquet" e "Le petit Claus et le grand Claus") contam de *outra forma* dois contos tematicamente muito próximos aos irmãos Grimm: "Das blaue Licht" ("La Lumière bleue" [A luz azul]) e "Das Burle" ("Le Petit paysan" [O pequeno camponês]). "Les Fleurs de la petite Ida" retoma, em parte, "Nussknacker und Mauskönig" ("Casse-noisettes et le Roi des souris" [Quebra-nozes e o Rei dos camundongos]), de E. T. A. Hoffmann. Consagramos o Capítulo 3 às relações entre "La Princesse sur le petit pois" e "Die Erbsenprobe" ("L'épreuve des petits pois" [A prova das pequenas ervilhas]) dos Grimm. Após precisar alguns dados importantes do contexto de produção dos primeiros contos de Andersen, estudaremos as ligações de cotextualidade que unem os quatro textos da coletânea constituída pelo *Premier cahier* [Primeiro caderno].

Quando o escritor dinamarquês decide (após o teatro, a narrativa de viagem, a poesia e o romance) ensaiar no gênero conto, ele aventura-se num domínio que é, à época, na Dinamarca e em toda a Europa, um verdadeiro campo de experimentação literária e artística. Longe de situar-se num domínio virgem, a escritura dos contos é, na verdade, muito fortemente marcada por diferentes estilos de narração e por orientações genéricas mais divergentes que a etiqueta falsamente homogênea de *conto maravilhoso* deixa crer. Por umas três décadas, eventos literários sucedem-se nesse domínio. Em 1805, Adam Oehlenschläger publica uma peça intitulada "Aladdin, eller forunderlige Lampe" [Aladim e a lâmpada maravilhosa]. Tornada emblemática da mentalidade e da cultura dinamarquesas, essa peça amalgama aspectos genéricos dos contos dramatizados (*Lesedrama*) de Ludwig Tieck e dos temas

---

1. Marc Auchet (Andersen, 2005b, p. 28) tem o grande mérito de chamar a atenção dos leitores francofônicos para o que ele considera, bem apropriadamente, como a "revolução estilística" dos primeiros contos de Andersen, da qual falaremos no Capítulo 3.

2. Ver, a esse respeito, Dollerup (1999, p. 67).

das *Mil e uma noites* (traduzidos em dinamarquês entre 1757 e 1788, a partir da célebre tradução francesa de Galland). Como todos os dinamarqueses, Andersen conhece a peça de Oehlenschläger. E, desde sua infância, ele está familiarizado com os contos das *Mil e uma noites* que alimentaram a admiração francesa e europeia pelo conto oriental desde o início do século XVIII. Em 1812, a aparição do primeiro volume dos *Kinder- und Hausmärchen* [Contos da infância e do lar] dos irmãos Grimm tem um impacto considerável nos meios artísticos e eruditos dinamarqueses. A coletânea está na origem de um vivo interesse pelo folclore nórdico e, mais particularmente, pelo dinamarquês. Rasmus Nyerup, especialista em literatura dinamarquesa, que conhece e estima os irmãos Grimm desde sua tradução de baladas dinamarquesas, em l811,[3] incita um de seus alunos, Just Mathias Thiele, a reunir lendas dinamarquesas, seguindo o exemplo dos irmãos Grimm. Em 1816, Adam Oehlenschläger publica a primeira tradução dinamarquesa de seis contos dos irmãos Grimm numa antologia intitulada *Eventyr af forskellige Digtere* (*Contes de poètes divers* [Contos de poetas diversos]),[4] sem dúvida igualmente conhecida por Andersen. O primeiro volume da segunda edição ampliada dos *Kinder- und Hausmärchen* (de 1819) é traduzido para o dinamarquês em 1823,[5] com o título *Folke-Eventyr samlede af Brødene Grimm* (*Contes folkloriques collectionnés par les frères Grimm* [Contos folclóricos colecionados pelos irmãos Grimm). Essa tradução, iniciada por Johan Frederik Lindencrone, com base na primeira edição de 1812, é anonimamente ampliada e modificada por sua filha, Louise Hegermann-Lindencrone, que era próxima de Adam Oehlenschläger. Ela integra as importantes modificações narrativas e estilísticas trazidas por Wilhelm Grimm em 1819 e reproduz, também, o importante prefácio da segunda edição.

Esse prefácio, certamente percebido pelos leitores dinamarqueses interessados pelo conto, codifica, de certa maneira, as características do

---

3. Ver, a respeito do intenso intercâmbio cultural entre a Dinamarca e a Alemanha e, mais precisamente, a respeito das traduções dinamarquesas da coletânea de Grimm, o excelente estudo de Cay Dollerup (1999, p. 12-37). Quanto à importância de Nyerup para o jovem Andersen, ver a bibliografia de Jens Andersen (2005, p. 101).

4. Ver Dollerup (1999, p. 21-24).

5. Para a data de 1823, em vez de 1821, ver Dollerup (1999, p. 74).

conto dito popular (*Volksmärchen*) que os irmãos Grimm pretendiam "transcrever" e canoniza, na verdade, a maneira de contar que lhes é própria. A edição dinamarquesa dos contos dos Grimm inspira e orienta, também, a coleta e a publicação de contos populares dinamarqueses por Mathias Winther, publicados em 1823 e lidos por Andersen.[6] Em 1830, dez anos após a primeira tradução dinamarquesa das *Histoires et contes du temps passé, avec des moralités* [Histórias e contos do tempo passado, com moralidades] de Charles Perrault, o jovem Andersen empreende, com "Le mort" ("Dødningen" [O morto]), uma primeira tentativa de reescritura de um conto popular dinamarquês que ele integra à sua primeira coletânea de poesias.[7] Ele é, na ocasião, severamente criticado por Christian Molbech, professor de história literária, redator de um dicionário de dinamarquês e editor de antologias de contos de sucesso, que qualifica o estilo de Andersen de "subjetivo demais".[8] Ele o recrimina pela completa falta do "tom épico" com o qual esses contos "devem" ser contados.[9] Provavelmente, o professor e editor funda esse julgamento normativo nas características narrativas dos *Kinder- und Hausmärchen*. O próprio Molbech trabalha, no mesmo momento, com os contos dos Grimm, que ele utiliza em suas próprias publicações. Em 1832, ele publica um livro didático que lhes toma emprestado seis contos[10] para incitar os alunos à leitura.[11] Uma outra obra, *Julegave for Børn* (*Cadeau de Noël pour des enfants* [Presente de Natal para crianças]),[12] aparece em 1835, ao mesmo tempo do primeiro caderno de Andersen. Ela contém nove contos que Molbech toma emprestado do segundo volume

---

6. Jens Andersen (2005, p. 315-316).

7. Ver, a esse respeito, Marc Auchet (2003), "Andersen et la tradition du conte", Festival littéraire de l'Aubrac, "A la rencontre d'écrivains".

8. Ver Jens Andersen (2005, p. 286-287).

9. Ver Jens Andersen (2005, p. 288).

10. Os contos 10, 73, 75, 87, 152 e 206 dos *Kinder- und Hausmärchen*. Os três primeiros eram do primeiro volume, traduzidos por Hegemann-Lindencrone, e os três outros provinham do segundo volume, provavelmente traduzidos pelo próprio editor, Molbech.

11. Esse livro, intitulado *Dansk Læsebog i Prosa til Brug ved Sprogunderviisning i Modersmalet, særdeles for Mellemklasser i Skolerne*, era, segundo Cay Dollerup (1999), o primeiro exemplo da utilização dos contos de Grimm para a instrução escolar.

12. Jens Andersen (2005, p. 292).

da edição de 1819 dos *Kinder- und Hausmärchen*, dos Grimm.[13] Esse livro é recenseado, simultaneamente ao do de Andersen, no primeiro número da *Dansk Literatur-Tidende*, de 1836. O jornalista que compara as duas obras chega à conclusão de que o estilo narrativo "calmo e simples" de Molbech é "mais justo e mais equilibrado" que a recitação menos "ordenada" da narração oral de Andersen.[14]

Na sua recapitulação bastante documentada da vida literária e editorial em Copenhague, Jens Andersen (2005) assinala o fato de que as quatro resenhas surgidas em 1835 e 1837 caminham no mesmo sentido. Em sua opinião, elas ilustram bem as opiniões e as convenções que definiam, na ocasião, o gênero do conto. Os críticos estigmatizam a introdução, por Andersen, da linguagem falada na escritura literária e sustentam a necessidade de dar lições de moral às crianças. Andersen enfrenta esses dois preceitos, escolhendo uma linguagem oralizada que fala diretamente às crianças e terminando seus contos sem que nenhuma voz de adulto intervenha para separar, claramente, o bem do mal e moralizar, explicitamente. Andersen inventa uma maneira de escrever e de dizer muito diferente dos modelos, dos estilos e das convenções estabelecidas.

Fazendo alusão à redação dos contos do primeiro caderno, Andersen escreve a Ingemann em fevereiro de 1835: "[...] creio que deu certo. Dei alguns dos contos que me tornavam feliz quando criança e que creio não serem conhecidos. Eu os escrevi exatamente *como eu os contaria a uma criança*".[15] Embora frequentemente citada para afirmar que Andersen escreveu literatura infantil, essa observação descreve, na realidade, uma postura narrativa e uma escolha estilística. Essa observação não designa a criança como destinatário exclusivo, mas situa uma dupla posição narrativa. A escolha do destinatário infantil permite ao narrador, certamente, escrever para ser compreensível pelas crianças, mas ela instaura, por esse meio estilístico aparentemente ingênuo e simples, um deslocamento po-

---

13. Contos 91, 121, 123, 134, 149, 151 e 153 dos *Kinder- und Hausmärchen*. Ver, a esse respeito, Dollerup (1999, p. 75).

14. Ver Jens Andersen (2005, p. 293), que cita o *Dansk Literatur-Tidende*, n. 1, 1836, p. 10.

15. Citado por Boyer (Andersen, 1992, p. 1321). Ênfase nossa.

tencialmente subversivo e irônico em relação ao mundo adulto. Esse deslocamento, que caracteriza todos os contos do primeiro caderno, é claramente tematizado em "Les nouveaux habits de l'empereur" [As novas roupas de gala do imperador], acrescentado ao terceiro caderno de 1837.

Andersen considera essa nova forma de (re)contar como suficientemente importante para colocá-la em evidência pelo título que ele dá a sua obra. Com o acréscimo de *"fortalte for Børn"* [contados às crianças] a *"Eventyr"* [contos], seu título difere sutilmente dos *Kinder- und Hausmärchen*, dos irmãos Grimm. Os contos dos Grimm são escritos, certamente, numa intenção educativa e moralizadora, que a reescritura, ao longo das edições, não faz mais do que reforçar e que as obras de Molbech exploram com toda evidência; mas eles não adotam, diferentemente dos contos de Andersen, a postura da perspectiva infantil que se desdobra, em Andersen, numa perspectiva adulta profundamente irônica, como veremos no Capítulo 3. O acréscimo do particípio *fortalte* (contado) designa essa importante mudança de perspectiva e distingue o livro de Andersen das obras de Molbech, que trazem o mais simples *Julegave for Børn* (*Cadeau de Noël pour des enfants* [Presente de Natal para crianças]), ou do de Otto Speckter, lançado em 1834, intitulado *Fabler for Børn* (*Fables pour des enfants* [Fábulas para crianças]).[16] Ao intitular sua primeira coletânea de *Eventyr, fortalte for Børn*, Andersen sinaliza uma poética da diferença e uma reflexão metapoética sobre o modo de representação do conto, provavelmente para se distinguir, igualmente, do célebre "Aladdin", de Adam Oehlenschläger, metapoeticamente qualificado de *dramatisk eventyr* [conto dramático].

2.2 "O isqueiro" de Andersen e "A luz azul" dos Grimm: análise comparativa

O primeiro texto, intitulado "Fyrtøiet" ("Le Briquet" [O isqueiro]), reveste-se de um valor programático. Em uma carta a Andersen, datada

---

16. Pode-se ver a página do título dessa edição na colagem feita por Hans Christian Andersen para o livro de imagens destinado a Astrid Stampe, em Jens Andersen (2005, p. 310).

de 6 de novembro de 1835, Carsten Hauch censura "O isqueiro" como sendo apenas "uma *imitação* de um poema melhor, 'A lâmpada de Aladim'".[17] Esse julgamento precipitado repousa, uma vez mais, sobre a nítida semelhança temática e a presença de certos motivos comuns. No conto de Andersen, um soldado obtém um isqueiro mágico que lhe dá o poder sobre três enormes cães que o ajudam na realização de seus desejos, da mesma forma como Aladim recebe uma lâmpada mágica de um gênio com poderes infinitos. A escolha dessa história como primeiro conto não é, em nosso entendimento, sinal de uma imitação e de uma fraqueza de Andersen. Bem pelo contrário, é uma forma deliberada de instaurar um diálogo intertextual *diferencial* com a célebre peça de Adam Oehlenschläger. Não temos, aqui, espaço para analisar e comparar os efeitos de sentidos diferentes que a adoção da perspectiva infantil produz numa narrativa, aliás, fortemente teatralizada. Simetricamente, o *conto dramático* de Oehlenschläger, elaborado segundo o modo do *Lesedrama* (drama para ler), comporta uma forte narrativização da matéria teatral. A maneira com que a escritura dramática de Oehlenschläger tende para a narrativa, enquanto o conto de Andersen visa uma forma, se não teatralizada, pelo menos de encenação da fala, mereceria uma análise comparativa. Esta permitirá elucidar certos aspectos da poética da diferença elaborada por Andersen a qual a única consideração da semelhança temática dos dois textos não pode levar em conta.

O conto dos irmãos Grimm, intitulado "Das blaue Licht" [A luz azul] apareceu, pela primeira vez, em 1815, no segundo volume da primeira edição dos *Kinder- und Hausmärchen*, sob o número 30. Ele é retomado, com algumas modificações de pontuação, no segundo volume da segunda edição, lançada em 1819 (que passa para uma numeração contínua), sob o número 116. Wilhelm Grimm introduzirá modificações mais consequentes nas edições de 1837 e de 1857. Muito provavelmente, Andersen leu o conto dos Grimm desde a edição 1819, da qual, na mesma época, Christian Molbech lançava mão para compor seu *Julegave for Børn* [Presente de Natal para crianças]. Se essa hipótese é correta, pode-se supor que o escritor dinamarquês enceta em "O isqueiro" um diálogo intertextual não apenas com a peça

---

17. Citado por Boyer (Andersen, 1992, p. 1322).

de Oehlenschläger, mas também com o conto dos Grimm. Por esse diálogo intertextual, ele mostra que conta *de outra maneira*, que ele distingue-se do modelo e do estilo do conto escrito dito de origem popular, canonizado pelos irmãos Grimm e difundido na Dinamarca por Christian Molbech.

Mesmo que pensemos que Andersen não leu o conto de Grimm e que ele busca, unicamente em sua memória, contos ouvidos durante a infância, a comparação entre "O isqueiro" e "A luz azul" permanece interessante. Ela permite mostrar como e em que sua maneira de contar distingue-se do conto dito do folclore. Segundo a *Enzyklopädie des Märchens* (2002), o conto dos Grimm é a mais antiga representação escrita do conto-tipo 562 ("L'esprit de la lumière bleue" [O espírito da luz azul]). Todas as outras, como "L'esprit de la chandelle" [O espírito da vela], comparada por Grundtvig, são posteriores ao conto de Andersen.[18] Ao indicar que "O isqueiro", de Andersen, representa, de forma exemplar, o conto-tipo 562, Aarne e Thompson (1964) dão um resumo que retoma, de fato, a trama do conto dos Grimm na qual o "espírito" é encarnado por um homenzinho negro.

> 562 *The Spirit in the Blue Light* (= Andersen's "Fire-Steel") Three nights in succession it brings the princess to the hero. In his flight the hero leaves the blue light behind. A comrade brings it to him in prison and it saves him from punishment. The spirit comes in response to a light made by a fire-steel or firestone found in an underground room. When the hero is to be executed he asks permission to light his pipe and thus calls the spirit to his rescue. (Aarne; Thompson, 1964, p. 204)

> 562 *O espírito da luz azul* (= "Isqueiro" de Andersen) Três noites sucessivas, ela traz a princesa para o herói. Em seu vôo, o herói deixa a luz azul atrás de si. Um companheiro a traz para ele na prisão e ela o salva da punição. O espírito vem em resposta à luz feita por um isqueiro, ou pederneira, encontrado numa sala subterrânea. Quando o herói está para ser executado, ele pede permissão para acender seu cachimbo e então chama o espírito para resgatá-lo.

---

18. Bengt Holbek (1990) não faz qualquer menção ao conto dos Grimm em seu artigo, frequentemente citado, "Hans Christian Andersen's Use of Folktales". Holbek estabelece o vínculo com a peça de Oehlenschläger e com o conto-tipo 561 ("Aladim"), mas silencia completamente acerca do conto-tipo 562.

Devido à proximidade temática das duas histórias, podemos considerar esses dois contos como duas maneiras diferentes de contar uma história semelhante. Ao proceder a uma comparação diferencial, pode-se esperar esclarecer as particularidades estilísticas, narrativas e genéricas de cada um dos dois textos, sem se preocupar com um eventual vínculo genérico. As maneiras diferentes de contar uma história semelhante aparecem desde o início dos dois contos. "A luz azul" começa assim:

> Il était une fois un roi qui avait un soldat pour serviteur, et comme celui-ci devint tout vieux et inutile, il le renvoya et ne lui donna rien. Alors ne sachant pas comment faire pour survivre, il chemina tristement tout le long de la journée et arriva, le soir, dans une forêt.[19]

> Era uma vez um rei que tinha um soldado como servidor, e como este ficou muito velho e inútil, ele o despediu e não lhe deu nada. Então, não sabendo como fazer para sobreviver, ele caminhou tristemente ao longo de todo o dia e chegou, à noite, numa floresta.

A situação inicial do conto dos Grimm põe em relação um rei ingrato e um soldado fiel. O início do conto de Andersen não faz qualquer alusão a uma tal relação, capital para a continuação da intriga dos Grimm. Ao renunciar ao "Era uma vez" que abre geralmente o conto dos Grimm, o narrador de Andersen evoca, logo de entrada, a chegada do herói da história.

> Un soldat arrivait sur la grand-route, une, deux, une deux! Il avait son sac sur le dos et un sabre au côté, car il avait été à la guerre et maintenant il rentrait.

> Um soldado chegava à grande estrada principal, um, dois, um, dois! Ele tinha sua mochila nas costas e um sabre de lado, pois ele havia estado na guerra e agora voltava.

---

19. "Es war einmal ein König, der hatte einen Soldaten zum Diener, wie der ganz alt wurde und unbrauchbar, schickte er ihn fort und gab ihm nichts. Da wusste er nicht, womit er sein Leben fristen sollte, ging traurig fort den langen Tag und kam Abends in einen Wald" (Grimm; Grimm, 1982, p. 411). Tradução da edição de 1819, feita por Adam e Heidmann.

Sem menção ao que aconteceu antes na história do soldado, o início de "O isqueiro" evoca, logo de entrada, uma presença muito física da personagem, pela imitação da marcha militar: "Um, dois, um, dois!". Esse estilo evocador, próximo da narração de reportagem, difere claramente do estilo recapitulativo e "narrativo-épico" dos Grimm. Um efeito de hipotipose focaliza a atenção dos leitores na presença enérgica da personagem. A escansão da marcha e o advérbio *nu* (*maintenant* [agora]) tornam-na visível, como se ela estivesse cenicamente presente.

O fato de que o soldado seja, em "A luz azul", vítima de uma maldade moral causada pelo rei torna a intriga do conto dos Grimm muito diferente da do conto de Andersen. Todas as ações do soldado, apresentado pelos Grimm como trabalhador e merecedor, são motivadas pela necessidade de se vingar e de punir a injustiça do rei e as outras das quais ele é sucessivamente vítima. Quando o infeliz soldado chega à casa da feiticeira, sofre uma nova maldade: ele trabalha durante três dias para a feiticeira, duramente, sem que ela o remunere. Quando ele sobe do fundo do poço onde havia ido buscar a luz azul, ela fica enraivecida e o atira para o fundo.

> Alors la sorcière se fâcha et le poussa, avec la lumière, au fond du puits. Le soldat, en bas dans la boue noire et humide, était triste car sa fin était proche, alors sa pipe lui tomba dans la main [...].[20]

> Então a feiticeira se aborrece e o empurra, com a luz, para o fundo do poço. O soldado, lá embaixo, na lama negra e úmida, estava triste, pois seu fim estava próximo, então o cachimbo lhe caiu na mão [...].

O soldado aparece como a vítima de uma nova injustiça. O espírito da luz azul — um homenzinho negro — terá por missão vingá-lo. No conto de Andersen, o soldado não sofre nenhum malfeito e a feiticeira, logo de entrada, oferece-lhe dinheiro.

---

20. "Da erboste die Hexe und stiess ihn mitsammt dem Licht hinunter in den Brunnen und ging fort. Der Soldat unten in dem dunklen feuchten Morast war traurig, denn ihm stand sein Ende bevor, da fiel ihm seine Pfeife in die Hand, die war noch halb voll [...]" (Grimm, 1982, p. 411).

Et voilà qu'il rencontra une vieille sorcière sur la grand-route. Elle était vraiment dégoûtante, sa lèvre inférieure lui pendait jusque sur la poitrine. Elle dit: "Bonsoir, soldat! Comme tu as un beau sabre et un grand sac à dos. Tu es un vrai soldat! Maintenant, tu vas avoir autant d'argent que tu en voudras! […]" (Andersen, 2005b, p. 67, tradução de Marc Auchet)

> E eis que ele encontra uma velha feiticeira na estrada principal. Ela era verdadeiramente repugnante, seu lábio inferior pendia-lhe até o peito. Ela disse: "Boa noite, soldado! Como tu tens um belo sabre e uma grande mochila nas costas. Tu és um verdadeiro soldado! Agora, tu vais ter tanto dinheiro quanto quiseres! […]"

É o contrário do soldado que passa à ofensiva: ele corta a cabeça da feiticeira porque ela se recusa a dizer-lhe para que serve o isqueiro ao qual ela parece ser tão apegada. A causalidade narrativa é, mais uma vez, radicalmente diferente: o soldado quer saber alguma coisa e, uma vez que a feiticeira se recusa a informar, ele faz o que se espera de todos os soldados quando encontram uma resistência: ele serve-se do sabre que faz dele um "verdadeiro soldado", como lhe disse a feiticeira, vendo-o chegar à estrada.

"Que veux-tu donc faire avec ce briquet?" demanda le soldat.
"Cela ne te regarde pas!" dit la sorcière. "Maintenant tu as de l'argent! donne-moi donc le briquet!"
"Taratata!" dit le soldat. "Tu vas me dire tout de suite ce que tu veux en faire, sinon je sors mon sabre et je te coupe la tête!"
"Non" dit la sorcière.
Et le soldat coupa la tête de la sorcière. Elle était là, par terre! Mais il mit tout son argent dans son tablier, le prit comme un balluchon sur son dos, mit le briquet dans sa poche et partit aussitôt pour la ville. (Andersen, 2005b, p. 70, tradução de Marc Auchet)

> "O que queres tu, então, fazer com esse isqueiro?", perguntou o soldado.
> "Isso não te diz respeito!", diz a feiticeira. "Agora tu tens dinheiro! Dá-me então o isqueiro!"
> "Ta-ra-ta-tá!", diz o soldado. "Tu vais me dizer agora mesmo o que tu queres fazer com ele, senão eu tiro meu sabre e te corto a cabeça!"

"Não", diz a feiticeira.

E o soldado cortou a cabeça da feiticeira. Ela estava ali, por terra! Mas ele pôs todo o seu dinheiro no avental dela, colocou-o nas costas como uma mochila, pôs o isqueiro no bolso e partiu logo para a cidade.

A lógica *moral* do conto dos Grimm é substituída, no de Andersen, pelo que se pode chamar de uma lógica da evidência. Diferentemente do narrador dos Grimm, o do conto de Andersen não se dá ao trabalho de justificar moralmente os atos do soldado. Em lugar de uma causa ou de uma consequência moral, ele evoca o efeito físico e visual de seu ato. Alguém corta a cabeça da "repugnante" e "velha" feiticeira, e isso tem por efeito chocante e evidente que "Ela estava ali, por terra!". O narrador de Andersen *mostra* os efeitos dos atos, pondo-os visualmente em cena, enquanto que o narrador dos Grimm contenta-se em evocá-los, *contando*-os.

> Lorsqu'ils étaient arrivés en haut, le soldat dit au petit bonhomme noir "maintenant frappe la sorcière à mort". Après l'avoir fait, le petit bonhomme lui révéla les trésors et l'or de la sorcière que le soldat chargea sur son dos pour l'emporter.[21]

> Quando eles chegaram no alto, o soldado disse ao homenzinho negro "agora bata na feiticeira até a morte". Após tê-lo feito, o homenzinho negro revelou-lhe os tesouros e o ouro da feiticeira que o soldado carregou sobre as costas para levá-lo.

Essa nítida diferença da lógica e da estratégia narrativa produz, logo de entrada, um efeito de ironização, ao contrário da maneira tradicional de contar. Esta é, com efeito, substituída por uma outra maneira de contar que já se parece com aquela que o século XX inventará com as reescrituras irônicas e cômicas dos contos dos Grimm, por Roald Dahl ou Janosch.

A lógica da evidência de Andersen é, inicialmente, uma lógica do *visual*, mais imediatamente acessível ao entendimento infantil. Isso explica a di-

---

21. "Als sie oben waren, sagte der Soldat 'nun schlag mir die alte Hexe tot.' Als das Männchen das getan hatte, offenbarte es ihm die Schätze, und das Gold der Hexe, das lud der Soldat auf und nahm es mit sich." (Grimm, 1982, p. 493).

ferença marcante de certos motivos: o isqueiro é um objeto mais concreto e mais cotidiano que a misteriosa *luz azul*, cujo modo de aparição não se entende de imediato. Os cães diferem do espírito-homenzinho negro; mesmo se os olhos deles são surpreendentes, trata-se de "verdadeiros cães", como diz a feiticeira, e suas características são, antes de tudo, de ordem visual: os olhos do segundo cão são do tamanho de um prato e os do terceiro tão grandes quanto a torre de Copenhague.

Lógicas narrativas bastante diferentes regem, igualmente, a descrição dos encontros do soldado e da princesa. O soldado dos Grimm permanece numa lógica de vingança e de reparação das maldades. Se ele faz vir a princesa adormecida para seu quarto de hotel, é para se vingar da maldade que lhe havia sido infligida pelo rei: ela deve servir-lhe como ele havia servido ao rei, isto é, sem ser remunerada e sendo humilhada.

> La roi m'a renvoyé et fait souffrir de la faim parce que je ne pouvais plus le servir, maintenant amène-moi la princesse ici, ce soir, elle devra me servir comme une servante et faire tout ce que je lui ordonnerai. (Grimm, 1982 [1819], p. 412)[22]

> O rei me despediu e fez sofrer com fome porque eu não podia mais servir-lhe, agora traga-me a princesa aqui, esta noite, ela deverá me servir como uma serva e fazer o que eu lhe ordenarei.

No conto de Andersen, no entanto, o soldado deseja apenas *ver* a princesa reclusa, sobre cuja beleza haviam-lhe comentado, fazendo elogios.

> Le soldat était devenu maintenant un monsieur distingué, et les gens lui parlèrent de leur ville et de leur roi, et ils lui dirent combien sa fille était une charmante princesse. [...] Personne d'autre que le roi ne peut lui rendre visite, car il a été prédit qu'elle se marierait avec un soldat tout ordinaire, et le roi n'aime pas cela! — J'aimerais bien la *voir*, pensa le soldat, mais il était impos-

---

22. "Der König hat mich fortgeschickt und mich hungern lassen, weil ich seine Dienste nicht mehr thun konnte, nun bring' mir die Königstochter heut Abend hierher, die soll mir aufwarten wie eine Magd und thun was ich ihr heisse" (Grimm, 1982, p. 412). Na última reescritura desse conto, em 1857, Wilhelm Grimm desenvolve essa cena. Ele fará uma cena de humilhação no curso da qual o soldado pede à princesa para lhe tirar as botas, para, em seguida, jogá-las no rosto dela.

sible qu'il obtienne la permission! (Andersen, 2005b, p. 71, tradução de Marc Auchet; ênfase de Adam e Heidmann).

> O soldado havia se tornado, agora, um senhor distinto, e as pessoas falaram-lhe da cidade delas e de seu rei, e disseram-lhe como a filha do rei era uma formosa princesa. [...] Nenhuma pessoa além do rei pode visitá-la, pois estava previsto que ela se casaria com um soldado todo ordinário, e o rei não gosta disso! "Eu bem que gostaria de *vê*-la", pensou o soldado, mas era impossível que ele obtivesse permissão!

E mais adiante:

> "Il est vrai que nous sommes en pleine nuit, dit le soldat, mais j'aimerais tellement *voir* la princesse ne serait-ce qu'un instant!"
> Le chien avait franchi la porte, et avant même que le soldat ait eu le temps de se retourner, il était de nouveau là avec la princesse.
> Elle était sur le dos du chien et elle dormait, et elle était tellement charmante que tout le monde pouvait *voir* que c'était une vraie princesse. Le soldat ne put pas se retenir, il fallut absolument qu'il l'embrasse, car c'était un vrai soldat (Andersen, 2005b, p. 72-73; tradução de Marc Auchet; ênfase de Adam e Heidmann).

> "É verdade que já estamos em plena noite", diz o soldado, "mas eu gostaria tanto de *ver* a princesa nem que fosse por um instante!"
> O cão havia cruzado a porta, e antes mesmo que o soldado tivesse tido o tempo de se voltar, ele esta lá de novo com a princesa.
> Ela estava sobre o dorso do cão e dormia e era tão formosa e todo o mundo podia *ver* que era uma verdadeira princesa. O soldado não pôde se conter, foi absolutamente preciso que ele a abraçasse, pois era um verdadeiro soldado.

A lógica do visual e a evidência substituem, em Andersen, a lógica moral da injustiça a ser vingada. Essa diferença de causalidade narrativa permite a Andersen tirar "O isqueiro" do gênero dos contos morais determinados pelo princípio do malvado punido e do bom recompensado, princípio que, contrariamente, o conto dos Grimm segue escrupulosamente. Vê-se aqui, também, que o soldado age segundo uma lógica muito simples, posta como evidente: um verdadeiro soldado não poderia deixar de beijar uma bela mulher, fosse ela princesa.

Essa diferença fundamental na orientação genérica dos dois contos aparece de maneira marcante na comparação entre seus finais. "A luz azul" termina assim:

> Le petit bonhomme commença donc et frappa à mort tous les gens à la ronde, alors le roi se mit à supplier et seulement pour rester en vie, il donna son royaume au soldat et sa fille pour épouse.[23]

> O homenzinho começou então e bateu até a morte em todas as pessoas ao redor, então o rei se pôs a suplicar e somente para permanecer vivo, ele deu seu reino ao soldado e sua filha por esposa.

Ao contrário do narrador distante e recapitulativo dos Grimm, que resume os eventos do final em uma só cláusula, o de Andersen, como participante irônico, evoca-os sob a forma de uma cena cômica, próxima de Guignol[24] e dos espetáculos de fantoches:

> "Aidez-moi maintenant pour que je ne sois pas pendu!" dit le soldat, et les chiens se précipitèrent sur les juges et tout le conseil, attrapèrent l'un par les jambes, l'autre par le nez et les jetèrent en l'air à plusieurs toises de hauteur, si bien qu'ils partirent en morceaux lorsqu'ils retombèrent.
> "Je ne veux pas!" dit le roi, mais le plus grand chien le saisit, ainsi que la reine, et il les jeta derrière tous les autres. Les soldats prirent peur et tout le monde cria: "Petit soldat, tu seras notre roi et tu auras la ravissante princesse!"
> Ils placèrent alors le soldat dans le carrosse du roi, et les trois chiens le précédèrent en dansant et en criant: "Hourra!", et les garçons sifflèrent dans leurs doigts et les soldats présentèrent les armes. La princesse sortit du château de cuivre et devint reine, et cela lui fit bien plaisir! Les noces durèrent huit jours, et les chiens étaient à table, eux aussi, et ils ouvraient de grands yeux.
> (Andersen, 2005b, p. 76, tradução de Marc Auchet)

---

23. "Also fing das Männchen an und schlug die Leute rings herum todt, da legte sich der König auf Gnadebitten und um nur sein Leben zu erhalten, gab er dem Soldaten das Reich, und seine Tochter zur Frau" (Grimm, 1982, p. 413).

24. Personagem principal de um espetáculo de fantoches francês. Seu nome passou a designar o teatro ou as peças de fantoches de um modo geral. [N.T.]

"Ajudai-me agora para que eu não seja enforcado!", diz o soldado, e os cães se precipitaram sobre os juízes e todo o conselho, agarraram um pelas pernas, outro pelo nariz e jogaram-nos no ar, a vários metros de altura, de modo que se partiram em pedaços assim que caíram.

"Eu não posso!", disse o rei, mas o cão maior o pegou, e também a rainha, e os jogou atrás de todos os outros. Os soldados ficaram com medo e todo mundo gritou: "Soldadinho, tu serás nosso rei e tu terás a encantadora princesa!".

Eles colocaram então o soldado na carruagem do rei, e os três cães o precederam dançando e gritando "Urra!", e os meninos assobiavam com os dedos e os soldados apresentaram armas. A princesa saiu do castelo de cobre e tornou-se rainha, e isso lhe deu muito prazer! As núpcias duraram oito dias, e os cães estavam à mesa, também, e abriam grandes olhos.

Nessa cena, o narrador posiciona-se como uma instância participante. À maneira de uma narrativa de reportagem, o tempo do narrador, o da ação e o do leitor-ouvinte coincidem. Uma enunciação duplamente endereçada transparece nas modalidades estilísticas. Os incisos exclamativos, como "Urra!", e as expressões de conivência, como "A princesa saiu do castelo de cobre e tornou-se rainha, e isso lhe deu muito prazer!", exercem um papel importante no contato entre o narrador e seu leitor-ouvinte. O endereçamento a um leitor infantil, sensível a essa maneira de contar, feita com exclamações, retomadas de expressões, comparações hiperbólicas, expressões de conivência e de efeitos bastante visuais, desdobra-se num endereçamento irônico aos leitores adultos. Estes compreendem que a cláusula canônica do conto moral à qual corresponde o final do conto dos Grimm ("[O rei] deu seu reino ao soldado e sua filha por esposa") é, aqui, desrespeitosamente substituída pela evocação da presença dos cães à mesa real: "As núpcias duraram oito dias, e os cães estavam à mesa, eles também, e abriam grandes olhos". Essa estratégia de duplo endereçamento está a serviço de um distanciamento irônico e crítico que mostra que Andersen não se contenta em inovar do ponto de vista estilístico. Ele opera uma subversão do gênero conto aristocrático e estabelece uma forma de releitura irônica dos contos tradicionais. É o que confirma seu conto "A princesa sobre a pequena ervilha", que iremos estudar em detalhe no capítulo seguinte.

Capítulo 3

Variações em torno de uma pequena ervilha*|**

3.1 Andersen contra Grimm

Após uma reação de suscetibilidade de Andersen, os irmãos Grimm decidiram, em 1850, por ocasião da sexta edição dos *Kinder- und Hausmärchen*,[1] suprimir um conto que eles haviam introduzido na edição de 1843 e que designariam, em seguida, no seu registro de notas, como o conto 182A.

> DIE ERBSENPROBE
> Es war einmal ein König, der hatte einen einzigen Sohn, der wollte sich gern vermählen, und bat seinen Vater um eine Frau. "Dein Wunsch soll erfullt werden, mein Sohn" sagte der König, "aber es will sich nicht schicken, daß

---

* Traduzido por João Gomes da Silva Neto.

** Este capítulo desenvolve e completa um estudo conjunto: "Réarranger des motifs, c'est changer le sens: princesses et petits pois chez Andersen et les Grimm" [Reordenar motivos é mudar o sentido: princesas e ervilhas, em Andersen e os Grimm], publicado em *Contes: l'universel et le singulier* (André Petitat, éd., Lausanne: Payot, 2002, p. 155-174), e um artigo de J.-M. Adam, publicado em *Poétique*, n.128 (Seuil, 2001, p. 417-441). Além de uma nova tradução de trabalho desses dois textos, acrescentamos considerações sobre a tradução da língua de Andersen que retomam, parcialmente, J.-M. Adam, no artigo "De la période à la séquence: contribution à une (trans)linguistique textuelle comparative" [Do período à sequência: contribuição para uma (trans)linguística textual comparativa], publicado em *Macro-syntaxe et macro-sémantique* (H. L. Andersen; H. Nølke, éds., Berne: Peter Lang, 2002, p. 167-188).

1. "Contos da infância e do lar". Trata-se de uma coletânea de contos maravilhosos alemães, publicada por Jacob e Wilhelm Grimm, pela primeira vez, em 1812. Atualmente, essa coletânea é conhecida como "Contos dos irmãos Grimm". [N.T.]

du eine andere nimmst als eine Prinzessin, und es ist gerade in der Nähe keine zu haben. Indessen will ich es bekannt machenlassen, vielleicht meldet sich eine aus der Ferne." Es ging also ein offenes Schreiben aus, und es dauerte nicht lange, so meldeten sich Prinzessinnen genug. Fast jeden Tag kam eine, wenn aber nach ihrer Geburt und Abstammung gefragt wurde, so ergab sich's, daß es keine Prinzessin war, und sie mußte unverrichteter Sache wieder abziehen. "Wenn das so fortgeht", sagte der Prinz, "so bekomm ich am Ende gar keine Frau". "Beruhige dich, mein Söhnchen", sagte die Königin, "eh du dich's versiehst, so ist eine da; das Gluck steht oft vor der Ture, man braucht sie nur aufzumachen". Es war wirklich so, wie die Königin gesagt hatte.

Bald hernach, an einem sturmischen Abend, als Wind und Regen ans Fenster schlugen, ward heftig an das Thor des königlichen Palastes geklopft. Die Diener öffneten, und ein wunderschönes Mädchen trat herein, das verlangte, gleich vor den König gefuhrt zu werden. Der König wunderte sich uber den späten Besuch und fragte sie, woher sie käme, wer sie wäre und was sie begehre. "Ich komme aus weiter Ferne", antwortete sie, "und bin die Tochter eines mächtigen Königs. Als eure Bekanntmachung mit dem Bildnis eures Sohnes in meines Vaters Reich gelangte, habe ich heftige Liebe zu ihm empfunden und mich gleich auf den Weg gemacht, in der Absicht, seine Gemahlin zu werdenn." "Das kommt mir ein wenig bedenklich vor", sagte der König, "auch siehst du mir gar nicht aus wie eine Prinzessin. Seit wann reist eine Prinzessin allein ohne alles Gefolge und in so schlechten Kleidern?" "Das Gefolge hätte mich nur aufgehalten", erwiderte sie, "die Farbe an meinen Kleidern ist in der Sonne verschossen, und der Regen hat sie vollends herausgewaschen. Glaubt ihr nicht daß ich eine Prinzessin bin, so sendet nur eine Botschaft an meinen Vater". "Das ist mir zu weitläuftig", sagte der König, "eine Gesandtschaft kann nicht so schnell reisen wie du. Die Leute mussen die nötige Zeit dazu haben; es wurden Jahre vergehen, ehe sie wieder zuruckkämen. Kannst du nicht auf andere Art beweisen, daß du eine Prinzessin bist, so bluht hier dein Weizen nicht, und du tust besser, je eher, je lieber dich wieder auf den Heimweg zu machen". "Laß sie nur bleiben", sagte die Königin, "ich will sie auf die Probe stellen und will bald wissen, ob sie eine Prinzessin ist".

Die Königin stieg selbst den Turm hinauf und ließ in einem prächtigen Gemach ein Bett zurechtmachen. Als die Matratze herbeigebracht war, legte sie drei Erbsen darauf, eine oben hin, eine in die Mitte und eine unten hin, dann wurden noch sechs weiche Matratzen darubergebreitet,

Linnentucher und eine Decke von Eiderdunen. Wie alles fertig war, fuhrte sie das Mädchen hinauf in die Schlafkammer. "Nach dem weiten Weg wirst du mude sein, mein Kind", sagte sie, "schlaf dich aus: morgen wollen wir weiter sprechen".

Kaum war der Tag angebrochen, so stieg die Königin schon den Turm hinauf in die Kammer. Sie dachte das Mädchen noch in tiefem Schlaf zu finden, aber es war wach. "Wie hast du geschlafen, mein Töchterchen?" fragte sie. "Erbärmlich", antwortete die Prinzessin, "ich habe die ganze Nacht kein Auge zugetan". "Warum, mein Kind, war das Bett nicht gut?" "In einem solchen Bett habe ich mein Lebtag noch nicht gelegen, hart vom Kopf bis zu den Fußen; es war, als wenn ich auf lauter Erbsen läge". "Ich sehe wohl", sagte die Königin, "du bist eine echte Prinzessin. Ich will dir königliche Kleider schicken, Perlen und Edelsteine: schmucke dich wie eine Braut. Wir wollen noch heute die Hochzeit feiern".[2]

L'Épreuve des petits pois[3]

[Pn1] Il était une fois un Roi qui avait un fils unique qui avait envie de se marier et qui demanda une épouse à son père. [Pn2] "Ton désir sera exaucé, mon fils, dit le Roi, mais il n'est pas convenable que tu en choisisses une autre qu'une princesse, et en ce moment, il n'y en a pas dans le voisinage. En attendant, je veux faire connaître cela, peut-être que, de loin, une se manifestera". [Pn3] Une annonce officielle fut donc envoyée et, peu de temps après, bien assez de princesses se présentèrent. Presque chaque jour, il en venait une [Pn4] mais quand on lui demandait quelle était sa naissance et son ascendance, il s'avérait que ce n'était pas une princesse et elle devait repartir sans avoir réglé l'affaire. [Pn5] "Si ça continue comme cela, dit le Prince, je n'aurai jamais de femme du tout". [PnΩ] "Calme toi, mon fils chéri, dit la Reine, avant que tu t'en aperçoives, une surgira; le bonheur se tient souvent derrière la porte, il suffit de l'ouvrir". Il arriva vraiment ce que la Reine avait dit.

[Pn1'] Peu de temps après, un soir de tempête, alors que le vent et la pluie tapaient contre la fenêtre, on frappa très fort au portail du palais royal. Les

---

2. Jacob e Wilhelm Grimm, *Kinder- und Hausmärchen*, herausgegeben von Heinz Rölleke, Frankfurt am Main: Deutscher Klassiker Verlag, 1985, p. 704-705.

3. Sinalizamos entre colchetes as unidades narrativas que serão úteis à análise posterior. Embora essa marcação perturbe um pouco a leitura, ela facilitará nossas remissões posteriores, permitindo-nos não ter de citar novamente um texto longo.

serviteurs ouvrirent et une très belle jeune fille entra qui demanda à être immédiatement conduite devant le Roi. Le Roi s'étonna de cette visite tardive et lui demanda d'où elle venait, qui elle était et ce qu'elle voulait. "Je viens de très loin, répondit-elle, et je suis la fille d'un roi puissant. Lorsque votre message, avec le portrait de votre fils, est parvenu dans l'empire de mon père, j'ai tout de suite ressenti un amour très fort pour lui et je me suis mise en chemin dans l'intention de devenir son épouse". [Pn2'] "Cela me semble un peu douteux, dit le Roi, de plus, tu ne m'as pas du tout l'air d'être une princesse. Depuis quand une princesse voyage-t-elle seule sans sa suite et aussi mal vêtue?" "Ma suite n'aurait fait que me retarder, répondit-elle. Quant à la couleur de mes habits, elle est passée au soleil et la pluie les a complètement délavés. Si vous ne croyez pas que je sois une princesse, vous n'avez qu'à envoyer un message à mon père". "C'est trop compliqué et trop loin selon moi, dit le Roi, des ambassadeurs ne peuvent pas voyager aussi rapidement que toi. Ils devraient disposer du temps nécessaire pour cela; des années passeraient avant leur retour. Si tu ne peux pas prouver d'une autre manière que tu es une princesse, ton blé ne fleurira pas ici et tu ferais mieux de rebrousser chemin. Le plus vite sera le mieux". "Laisse-la de meurer ici, dit la Reine, je vais la mettre à l'épreuve et je saurai bientôt si elle est une princesse".

[Pn3'] La Reine monta elle-même dans la tour et fit préparer un lit dans une chambre somptueuse. Quand le matelas fut amené, elle posa trois petits pois dessus, un en haut, un au milieu et un en bas. Ensuite, six autres matelas mous furent placés dessus, ainsi que des draps en lin et un édredon de plumes. Lorsque tout fut prêt, elle amena la jeune fille dans la chambre à coucher. "Après un aussi long chemin, tu dois être fatiguée, mon enfant, dit-elle. Dors tout ton saoul: demain nous reprendrons cette discussion".

[Pn4'] À peine le jour était-il levé que la Reine monta dans la tour, jusqu'à la chambre. Elle pensait trouver la jeune fille encore profondément endormie, mais celle-ci était réveillée. "Comment as-tu dormi, ma petite", demanda-t-elle. "Misérablement, répondit la princesse, je n'ai pas fermé l'œil de la nuit". "Pourquoi, mon enfant, est-ce que le lit n'était pas bon?" "De ma vie, je n'ai jamais dormi dans un lit aussi dur de la tête au pied; c'était comme si j'étais couchée sur plein de petits poi". [Pn5'] "Je vois bien, dit la Reine, que tu es une authentique princesse. Je vais te faire parvenir des vêtements royaux, des perles et des diamants: pare-toi comme une fiancée. Nous voulons à célébrer le mariage aujourd'hui même".

A prova das pequenas ervilhas[4]

[Pn1] Era uma vez um Rei que tinha um filho único que tinha vontade de se casar e que pediu uma esposa ao seu pai. [Pn2] "Teu desejo será atendido, meu filho, disse o Rei, mas não é conveniente que tu escolhas uma que não seja princesa e, neste momento, não há princesas na vizinhança. Enquanto esperamos, quero que divulguem isso, pode ser que, de longe, uma se revele". [Pn3] Um anúncio oficial foi, então, enviado e, pouco tempo depois, bastantes princesas se apresentaram. Quase todo dia, vinha uma, [Pn4] mas quando alguém lhe perguntava quais eram sua família e sua ascendência, descobria-se que não era uma princesa e ela devia voltar sem ter resolvido o caso. [Pn5] "Se isso continua assim, disse o Príncipe, eu nunca terei mulher alguma". [PnΩ] "Acalma-te, meu filho querido, disse a Rainha, antes que tu percebas, uma surgirá; a felicidade está sempre atrás da porta, basta abri-la". Aconteceu realmente o que a Rainha havia dito.

[Pn1'] Pouco tempo depois, numa noite de tempestade, enquanto o vento e a chuva batiam contra a janela, alguém bateu bem forte na porta de entrada do palácio real. Os serviçais abriram e entrou uma moça muito bonita que pediu para ser conduzida imediatamente diante do Rei. O Rei se espantou com essa visita tão tarde e lhe perguntou de onde vinha, quem era e o que queria. "Eu venho de muito longe", respondeu ela, "e sou a filha de um rei poderoso. Assim que vossa mensagem, com o retrato de vosso filho, chegou ao império de meu pai, eu imediatamente senti um amor muito forte por ele e me pus a caminho na intenção de me tornar sua esposa". [Pn2'] "Isso me parece um pouco duvidoso", disse o Rei, "além do mais, tu não tens para mim de modo algum o ar de ser uma princesa. Desde quando um princesa viaja sozinha, sem seus acompanhantes e tão mal vestida?" "Meus acompanhantes só teriam me atrasado", ela respondeu. "Quanto à cor de minhas roupas, ela tomou sol e a chuva as desbotou completamente. Se vós não credes que eu seja uma princesa, vós só tendes de enviar uma mensagem ao meu pai."

"É muito complicado e muito longe na minha opinião", disse o Rei, "embaixadores não podem viajar tão rapidamente como tu. Eles teriam de dispor do tempo necessário para isso; anos passariam antes do retorno deles. Se tu

---

4. Tendo em vista a manutenção das especificidades analíticas do autor, nossa tradução das versões do conto procura acompanhar a mesma estruturação dos originais (o que resulta na preservação de certos traços diacrônicos do francês e, em decorrência, num aparente arcaísmo do português). Para isso, preservamos as notações gráficas e tentamos uma aproximação com o léxico e a sequência frasal dessas versões. [N.T.]

não podes provar de uma outra maneira que tu és uma princesa, tua intenção não vai se realizar aqui e tu farias melhor em retomar o caminho de volta. Mais rápido o será melhor". "Deixe-a pernoitar aqui", disse a Rainha, "eu a vou pô-la à prova e saberei logo se ela é uma princesa."

[Pn3'] A própria Rainha subiu à torre e mandou preparar uma cama num quarto suntuoso. Quando o colchão foi preparado, ela pôs três pequenas ervilhas em cima, uma na cabeceira, uma no meio e uma nos pés. Em seguida, seis outros colchões macios foram colocados em cima, assim como lençóis de linho e um edredom de plumas. Assim que tudo foi aprontado, ela conduziu a jovem moça ao quarto de dormir. "Depois de um tão longo caminho, tu deves estar fatigada, minha criança, disse ela. Dorme à vontade: amanhã retomaremos essa discussão".

[Pn4'] Mal o dia havia começado a Rainha subiu à torre, até o quarto. Ela pensava encontrar a jovem moça ainda profundamente adormecida, mas esta estava acordada. "Como tu dormistes, minha pequena?", perguntou ela. "Miseravelmente", respondeu a princesa, "eu não fechei o olho durante a noite". "Por que, minha criança, é que a cama não estava boa?" "Em toda minha vida, nunca dormi numa cama tão dura da cabeceira aos pés; era como se eu estivesse deitada sobre uma porção de pequenas ervilhas." [Pn5'] "Eu vejo bem", disse a Rainha, "que tu és uma autêntica princesa. Vou fazer com que te tragam roupas reais, pérolas e diamantes: veste-te como uma noiva. Nós queremos celebrar o casamento hoje mesmo".

Em uma carta a Jonas Collin, de 26 de julho de 1844, Andersen havia acusado os Grimm de ter retomado um de seus contos originais, publicado em 1835, desta forma:

Prindsessen paa Ærten

Der var engang en Prinds; han vilde have sig en Prindsesse, men det skulde være en *rigtig* Prindsesse. Saa reiste han hele Verden rundt, for at finde saadan en, men allevegne var der noget i Veien, Prindsesser vare der nok af, men om det vare *rigtige* Prindsesser, kunde han ikke ganske komme efter, altid var der noget, som ikke var saa rigtigt. Saa kom han da hjem igjen og var saa bedrøvet, for han vilde saa gjerne have en virkelig Prindsesse.

En Aften blev det da et frygteligt Veir; det lynede og tordnede, Regnen skyllede ned, det var ganske forskrækkeligt! Saa bankede det paa Byens Port, og den gamle Konge gik hen at lukke op.

Det var en Prindsesse, som stod udenfor. Men Gud hvor hun saae ud af Regnen og det onde Veir! Vandet løb ned af hendes Haar og hendes Klæder, og det løb ind af Næsen paa Skoen og ud af Hælen, og saa sagde hun, at hun var en virkelig Prindsesse.

"Ja, det skal vi nok faae at vide!" tænkte den gamle Dronning, men hun sagde ikke noget, gik ind i Sovekammeret, tog alle Sengklæderne af og lagde en Ært paa Bunden af Sengen, derpaa tog hun tyve Matrasser, lagde dem ovenpaa Ærten, og saa endnu tyve Ædderduuns-Dyner oven paa Matrasserne.

Der skulde nu Prindsessen ligge om Natten.

Om Morgenen spurgte de hende, hvorledes hun havde sovet.

"O forskrækkeligt slet!" sagde Prindsessen, "Jeg har næsten ikke lukket mine Øine den hele Nat! Gud veed, hvad der har været i Sengen? Jeg har ligget paa noget haardt, saa jeg er ganske bruun og blaa over min hele Krop! Det er ganske forskrækkeligt!"

Saa kunde de see, at det var en rigtig Prindsesse, da hun gjennem de tyve Matrasser og de tyve Ædderduuns Dyner havde mærket Ærten. Saa ømskindet kunde der ingen være, uden en virkelig Prindsesse.

Prindsen tog hende da til Kone, for nu vidste han, at han havde en rigtig Prindsesse, og Ærten kom paa Kunstkammeret, hvor den endnu er at see, dersom ingen har taget den.

See, det var en rigtig Historie![5]

La princesse sur le petit pois

Il était une fois un Prince; il voulait se trouver une Princesse, mais ce devait être une *vraie* Princesse. Alors, il fit le tour du monde pour en trouver une comme ça, mais partout il y avait quelque chose qui allait de travers, des Princesses, il y en avait bien assez, mais si c'étaient de *vraies* Princesses, il ne pouvait pas en être absolument sûr, il y avait toujours quelque chose qui

---

5. Fornecemos o texto da edição de 1835, segundo a grande edição crítica *H. C. Andersens Eventyr: Kritisk udgivet efter de originale Eventyrhæfter med Varianter*, Erik Dal & Erling Nielsen, v. 1, *Eventyr, fortalte for Børn, 1835-42*, Copenhague, 1963, p. 41, anterior à reforma ortográfica de 1948, que suprime as maiúsculas dos substantivos ("prinsessen" ou "ærten"), o "d" de "Prindsessen" e o "a" duplo, substituído por å ("paa" torna-se "på"). Essa grafia é um aspecto do caráter antigo do texto para os leitores contemporâneos. Para a ortografia modernizada, pode-se consultar a edição do jubileu, *H. C. Andersen: Samlede Eventyr og Historier*, Copenhague, Høst & Søn, 2003, p. 25.

n'était pas si vrai que ça. Alors, il s'en revint à la maison et il était si triste, car il voulait si fort avoir une véritable Princesse.

Un soir, il fit un temps épouvantable; éclairs et tonnerre, pluie à verse, c'était absolument effrayant! Alors, on frappa à la porte de la ville, et le vieux roi s'y rendit pour ouvrir.

C'était une Princesse qui se trouvait dehors. Mais, Dieu, l'air qu'elle avait, avec cette pluie et ce mauvais temps! L'eau courait sur ses cheveux et ses vêtements, et elle courait dedans par le nez de ses chaussures et dehors par les talons, et puis elle disait qu'elle était une véritable Princesse.

"Oui, c'est ce que nous allons bientôt savoir!", pensa la vieille reine, mais elle ne dit rien, entra dans la chambre à coucher, enleva toute la literie, et déposa un petit pois au fond du lit, puis elle prit vingt matelas, les étendit sur le petit pois, et puis encore vingt édredons sur les matelas.

C'est là que la Princesse devait passer la nuit.

Le matin, ils lui demandèrent comment elle avait dormi.

"Oh, affreusement mal!", dit la Princesse, "Je n'ai presque pas fermé l'œil de toute la nuit! Dieu sait ce qu'il y avait dans ce lit? J'ai couché sur quelque chose de dur, si bien que j'ai des bleus sur tout le corps! C'est absolument affreux!"

Alors, ils purent voir que c'était une vraie Princesse, puisque, à travers les vingt matelas et les vingt édredons, elle avait senti le petit pois. Personne ne pouvait avoir telle délicatesse de peau, sinon une véritable princesse.

Le Prince la prit donc pour femme, parce qu'il savait maintenant qu'il avait une vraie Princesse, et le petit pois fut placé dans le Cabinet des Curiosités où il est encore visible, pour autant que personne ne l'ait pris.

Voilà, c'était une vraie histoire![6]

A PRINCESA SOBRE A PEQUENA ERVILHA

Era uma vez um Príncipe; ele queria achar uma Princesa para si, mas esta devia ser uma *verdadeira* Princesa. Então, ele deu a volta no mundo para en-

---

6. Para estabelecer esta nova tradução de trabalho, fomos ajudados, num primeiro momento, por Michel e Gunvor Olsen, assim como, depois, sobretudo, por Cyril François, a quem agradecemos particularmente. Esta tradução tende a recuperar o aspecto às vezes próximo do oral um pouco infantil e o sentimento dos leitores dinamarqueses contemporâneos, surpreendidos pelo texto. Por isso, se algumas de nossas escolhas parecem pouco elegantes, é para tentar recuperar a prosa singular de Andersen. [Esse procedimento é retomado, na medida do possível, na tradução para o português, guardando-se, inclusive, a mesma pontuação. N. T.].

contrar uma assim, mas por todo canto havia alguma coisa que dava errado, Princesas, havia bem muitas, mas se eram *verdadeiras* Princesas, ele não podia estar absolutamente certo disso, havia sempre alguma coisa que não era tão verdadeiro assim. Então, ele voltou para casa e estava bem triste, pois queria muito ter uma verdadeira Princesa.

Uma noite, fez um tempo assustador; relâmpagos e trovões, chuva a cântaros, era absolutamente apavorante! Então, alguém bateu na porta da casa, e o velho Rei foi até lá para abrir.

Era uma Princesa que se encontrava do lado de fora. Mas, por Deus, a aparência que ela tinha, com essa chuva e esse mau tempo! A água escorria em seus cabelos e suas roupas, e entrava pela ponta dos seus sapatos e saía pelos saltos, e enquanto isso ela dizia que era uma verdadeira Princesa.

"Sim, é o que nós iremos logo saber!", pensou a velha Rainha, mas ela não disse nada, entrou no quarto de dormir, retirou todos os travesseiros e lençóis, e pôs uma pequena ervilha em cima da cama, depois pegou vinte colchões, estendeu-os sobre a pequena ervilha, e depois ainda vinte edredons sobre os colchões.

Era lá que a Princesa deveria passar a noite.

Pela manhã, eles lhe perguntaram como havia dormido.

"Oh, horrivelmente mal!", disse a Princesa, "Eu quase não fechei o olho toda a noite! Sabe Deus o que havia nessa cama? Eu me deitei sobre alguma coisa dura, de modo que tenho manchas azuladas pelo corpo todo! Foi absolutamente horrível!"

Então, eles puderam ver que era uma verdadeira Princesa, uma vez que, através dos vinte colchões e dos vinte edredons, ela havia sentido a pequena ervilha. Ninguém podia ter tal delicadeza de pele, senão uma verdadeira Princesa.

O Príncipe a tomou então por esposa, porque ele sabia agora que ele tinha uma verdadeira Princesa, e a pequena ervilha foi colocada na Sala das Curiosidades, onde ela é ainda vista, a não ser que alguém a tenha levado.

Aí está, é uma verdadeira história!

Se a palavra alemã "Erbsen" significa, literalmente, as *ervilhas* em geral, todos os leitores entendem, no entanto, *pequena ervilha* e, por isso, "A prova das pequenas ervilhas". O dinamarquês apresenta uma ambiguidade mais forte: "på ærten" significa, literalmente, *sobre a ervilha*, e os tradutores franceses hesitam igualmente sobre a preposição. Eles traduzem *Prindsessen paa Ærten* de várias formas:[7]

Traduções de P. G. La Chesnais (Mercure de France, 1937) e de Régis Boyer (Pléiade, Gallimard, 1992):
*La princesse **au petit pois*** [A princesa **da pequena ervilha**]

Tradução de D. Soldi, E. Grégoire e L. Moland (Garnier-Flammarion, 1970):
*La princesse **sur un pois*** [A princesa **sobre uma ervilha**]

Traduções de J.-J. Gateau e Poul Høybye (Høst & Søn, Copenhague, 2003) e de Marc Auchet (Poche Classique, 2003):
*La princesse **sur le pois*** [A princesa **sobre a ervilha**]

Tradução dos Penguin Popular Classics (*Fairy Tales*: Hans Christian Andersen Penguin Books, 1994, p. 30):
*The Princess **on the Pea*** [A Princesa **sobre a Ervilha**]

Tradução espanhola de Alberto Adell (Høst & Søn, Copenhague, 2003, p. 16):
*La princesa **y el guisante*** [A princesa **e a ervilha**]

Tradução de R. P. Keigwin (Hans Christian Andersen House, Odense, 1986):
*The Princess **and the Pea*** [A Princesa **e a Ervilha**]

---

7. Temos consciência de que tradução de *pois* e *petit pois* para o português do Brasil exige adaptação cultural e escolha de critérios linguísticos, dentre outros (o que reforça a pertinência desta obra em relação às questões de tradução): 1) Na falta de um termo mais preciso, em português, para definir a diferença entre esses termos, apoiamo-nos na ideia geral, em língua francesa, de que *pois* refere-se a um grão seco qualquer, dentre as variantes dessa leguminosa (nesse caso, também denominado *pois cassé*), enquanto que *petit pois* refere-se à sua apresentação ainda fresca, geralmente verde (o grão solto ou na casca, também comestível). Essa segunda acepção se aproxima do que se conhece no Brasil, daí as implicações de sentido na adoção da forma *pequena ervilha* que, além disso, preserva o aspecto atributivo "pequena", relevante para a análise do autor. 2) Em seus aspectos morfossintáticos e semânticos, *petit pois* pode ser traduzido de duas formas: como *ervilha*, apenas — nesse caso, tem-se uma palavra composta, com esvaziamento semântico do primeiro termo; toma-se a pequenez como intrínseca ao objeto "ervilha" e não ao termo *petit* (caso semelhante a *petit fils* [neto], *petit four* [espécie de bolo ou biscoito salgado], *petit matin* [madrugada]); como *pequena ervilha* — nesse caso, recupera-se o sintagma atributivo *adjetivo + nome*, levando-se em conta, ainda, o papel intensificador do atributo em posição antecedente, entendido como reforço do tamanho diminuto do referente (intensifica-se, desse modo, uma propriedade já assumida, pelo leitor, como inerente à coisa "ervilha"). Avança-se, aqui, para o jogo polissêmico e estilístico do conto. [N.T.]

Para a preposição "på", à exceção das duas últimas traduções, espanhola e inglesa, que optam pela conjunção *"et"* [e], e as traduções de La Chesnais e Boyer, que propõem *"au"* [da], as outras optam por *"sur"* [sobre], que é a tradução mais evidente e também a que melhor faz alusão à prova a que foi submetida a princesa do título. As hesitações relativas à precisão da natureza da "ervilha" [*"pois"*] são sensíveis em francês: La Chesnais e Boyer optam por *"petit pois"* [pequena ervilha], enquanto os outros tradutores são mais literais, hesitando, contudo, entre o determinante definido, que remete cataforicamente à ervilha da história que se segue e o determinante indefinido genérico *"un"* [um]. De nossa parte, escolhemos manter a *"pequena* ervilha" [*"petit* pois"], que atribui o caráter ainda mais extraordinário da prova, em virtude do tamanho desse grão.

À primeira vista e, sobretudo, quando o comparamos com o dos Grimm, o conto de Andersen aparece como uma história elíptica e até mesmo bastante rudimentar. Embora ele tenha sido compilado em Hesse, em 1840, pelo filho de Wilhelm Grimm, Herman, os irmãos Grimm justificarão a retirada do texto 182A por sua "semelhança muito grande" com o de Andersen. Uma carta de Wilhelm Grimm a Simrock (1852) aborda a questão da suscetibilidade de Andersen. Como se sabe que o conto de Andersen foi traduzido para o alemão em 1839, é possível que ele tenha circulado e sofrido rapidamente as transformações e os acréscimos que vamos examinar. As fronteiras linguísticas dinamarquesas e alemãs eram mais porosas que as histórias nacionais podem fazer crer.

Se Andersen e os irmãos Grimm estão incomodados com a semelhança muito grande entre os dois contos, não é de modo algum pelas mesmas razões. Essa semelhança embaraça os Grimm porque lança uma dúvida sobre a origem do texto deles. Conservá-lo teria tornado manifesto o fato de que um texto de autor dinamarquês pode muito bem alimentar a "poesia do povo". Andersen, por outro lado, considera os Grimm plagiadores. Seu conto é um texto literário, escrito no início do século XIX por um escritor que situa sua obra numa certa relação com as normas de um gênero que ele se propôs transformar. Como foi visto no Capítulo 2, Andersen dá a entender que sua coletânea é composta de contos que acalentaram sua infância. Referindo-se inteiramente à tradição, ele insiste em seu projeto de criação original. Na ausência de eventuais textos-fonte identificáveis, não se pode mensurar o trabalho de transformação e de inovação de Andersen, a não ser comparando seus textos aos que lhes são correspondentes escritos pelos irmãos Grimm. Isso foi percebido no capítulo anterior e vamos prolongar essa demonstração comparativa ao longo de todo este capítulo. Enquanto Andersen reivindica uma originalidade literária, os Grimm pretendem operar uma transformação fiel da tradição ("mundliche Uberlieferung"). No entanto, para citar apenas um exemplo, os diferentes estados de um conto, como *Aschenputtel* (Cinderela), mostram que, desde 1819, Wilhelm Grimm transforma a personagem relativamente passiva de 1812 em uma verdadeira heroína, submetida a cada vez mais provas. A moral do mérito que ele elabora, assim, progressivamente, está evidente em "L'épreuve des petits pois" [A prova das pequenas ervilhas], e a comparação com "La Princesse sur le petit pois" [A Princesa sobre a pequena ervilha] de Andersen confirmará a natureza de uma escrita bastante distanciada da simples transcrição da tradição oral.

3.2 "A prova das pequenas ervilhas"

A maioria dos comentaristas acha que o conto dos Grimm é claramente menos bem escrito que o de Andersen. É a posição de d'Arthur Christensen (1936, p. 257): "É pouco provável que, em si, o conto de Grimm derive do de Andersen, que é contado com uma arte infinitamente mais refinada". É igualmente a opinião de Christine Shojaei Kawan, autora do artigo da *Enzyklopädie des Märchens*, relativo ao conto-tipo 704 da classificação Aarne-Thompson.[8] As qualidades estilísticas e narrativas do conto dos Grimm invalidam essa ideia.

---

8. "But while Andersen's tale is a perfect masterpiece, the Grimm tale is quite unbalanced: the first part is unconventional and original both in content and style while the second is just not very well told— it could well be, therefore, that it has been put together from two different pieces." E ela acrescenta: "the main text by which the tale-type is represented is, of course, Andersen's *Prinsessen på Ærten*" ("Die Prinzessin auf der Erbse (AaTh 704)", v. 10, fasc. 2, Berlin/New York).

Ao detalhar mais o vínculo entre as ações e, em particular, as da Princesa, o conto dos Grimm é narrativamente mais explícito e dá uma impressão de maior coerência. Ele se divide em duas sequências narrativas completas[9] e relativamente homogêneas. Por três vezes, as intervenções da Rainha exercem um papel decisivo na estrutura. Além disso, uma bastante forte e sutil presença de falas em discursos direto e indireto confere à narrativa uma tonalidade própria, muito diferente da tonalidade do conto de Andersen.

A primeira sequência pode ser decomposta assim: o Príncipe, sentindo o desejo de se casar, participa isso ao Rei, seu pai, o que se pode considerar como a situação inicial da narrativa (Pn1). As palavras do Príncipe são apresentadas apenas sob forma narrativizada, isto é, sem autonomia em relação à voz narrativa. No entanto, a resposta do Rei é posta em evidência pelo discurso direto. Em posição de *destinador*, ele fixa o valor de um objeto de busca-desejo. O nó da intriga (Pn2) é introduzido por um conector *"aber/mais"* [mas] que destaca o problema posto no centro dessa história: é preciso escolher uma princesa, estando-se bastante atento à linhagem. Na ausência de princesas disponíveis no mercado matrimonial, não é o Príncipe que parte em sua busca, como é habitualmente o caso. O Rei faz percorrer o mundo um substituto semiológico de seu filho: um anúncio bastante oficial cujo conteúdo não é explicitado e que, saberemos mais tarde, é acompanhado de um retrato do Príncipe (Ação-Pn3). Essa primeira diferença com a narrativa de Andersen é acompanhada de uma outra singularidade, introduzida no desenlace (Pn4), este também marcado por um *"aber/mais"* [mas] que assinala o problema: a mentira das pretendentes é, a cada vez, revelada pelo simples exame de sua genealogia.

---

9. Sobre essa questão, ver Adam 1994a e 2001. Como escreveu Umberto Eco (1985, p. 50), de forma bastante simples, em *Lector in fabula*: "Em narratividade, a inspiração não é confiada a frases, mas a macroproposições mais amplas, a escansões de eventos". São esses agrupamentos de "macroproposições" que chamamos de "sequências", reformulando em bases linguísticas bem diferentes uma célebre fórmula de Propp (1970, p. 113): "Um conto pode compreender várias sequências, e quando analisamos um texto, é preciso primeiro determinar de quantas sequências ele se compõe. [...] Isolar uma sequência não é sempre fácil, mas é sempre possível com uma grande precisão. [...] Procedimentos particulares, paralelismo, repetição etc. levam a isto, que um conto pode se compor de várias sequências".

Pode-se, portanto, dizer que as pretensões mentirosas são desmascaradas num desenlace no qual o discurso indireto e o discurso narrativizado não autonomizam as personagens ("alguém" e as princesas sucessivas). Na situação final (Pn5), o Príncipe-destinatário lamenta-se ao constatar que a situação de falta corre o risco de se prolongar. É sua primeira e última intervenção no discurso direto; ele só reaparece, implicitamente, no final, por intermédio do anúncio de seu noivado.

A Rainha o tranquiliza na sua primeira intervenção, no discurso direto,[10] que funciona como uma avaliação final da primeira sequência (Moral-PnΩ) e como um anúncio da segunda. Ela anuncia uma fala proverbial que confirma a inutilidade de empreender as mesmas viagens do Príncipe do conto de Andersen: "A felicidade está sempre atrás da porta, basta abri-la". Essa fala, que tem a força performativa das verdades proverbiais, transforma-se em predição e relança a história. Frisamos que essa fala põe em perigo a lógica das aventuras que habitualmente conduz à recompensa de um príncipe-herói que, pela excelência de suas ações, merece uma tal felicidade. O Príncipe permanecerá profundamente passivo, respeitando a máxima maternal, à qual a Princesa, por sua vez, não será de modo algum submetida. O comprimento dessa sequência confirma o fato de que a história se bifurca. O Príncipe, que não era ainda constituído um herói ativo na primeira sequência, é ainda menos aqui. A personagem da Princesa, pelo contrário, assume toda a sua importância ao explicitar o conteúdo de sua busca numa situação inicial (Pn1') simétrica ao início da sequência precedente (Pn1). Sua fala (pedido, aqui) é inicialmente narrativizada ("pediu para ser conduzida imediatamente à presença do rei"), assim como o é a resposta do Rei ("se espantou com essa visita tão tarde"). A pergunta com a qual esse último dá continuidade à conversa é feita no discurso indireto [P(Re)DI], o que evidencia a resposta no discurso direto da Princesa [R(PR1)DD].

---

10. Logo adiante e no esquema 1, o modo como as falas das personagens são apresentadas no conto é assinalado pelas seguintes abreviaturas: P (pergunta ou pedido), abertura (>) de conversa, R (resposta), continuidade (>>) da conversa, Av (avaliação da resposta e fechamento (<) da conversa), Ass (simples asserção), Re (Rei), RA (Rainha), Pr (Príncipe), PR (Princesa), pr (princesas), DD (discurso direto), DI (discurso indireto), DN (discurso narrativizado).

O nó (Pn2') dessa sequência é, como o nó (Pn2) da primeira, constituído pelas exigências do Rei. Este último, em sua avaliação da resposta da Princesa [Av(Re2)DD], insiste no fato de que a Princesa não tem a aparência de uma princesa e que ela está na incapacidade de provar sua filiação. Isso desencadeia uma nova pergunta do Rei [P(Re3)DD], à qual responde a Princesa [R(PR2)DD]. Essa longa conversa permite-lhe, por um lado, contar suas viagens, justificando, assim, a perda de sua aparência principesca; permite-lhe, por outro, apresentar a impossibilidade (retomada de Pn4) espaciotemporal de se assegurar da genealogia da pretendente como um obstáculo intransponível. O diálogo destaca a incrível distância percorrida em tão pouco tempo por essa princesa bastante moderna em seu comportamento autônomo e, portanto, ao mesmo tempo, seu valor e a força de seu amor. Por sua avaliação da resposta da Princesa, o Rei decide negativamente [Av(Re4)DD], no sentido de uma autentificação impossível da pretendente. A essa série de turnos que não permitem resolver os problemas, sucede uma intervenção decisiva da Rainha [Ass(RA2)DD] que deixa entrever uma saída possível do impasse da narrativa. O anúncio da "submissão à prova" é uma confirmação dos estatutos narrativos da Rainha e da Princesa. Nessa segunda intervenção, a Rainha relança a ação narrativa bloqueada no fim da primeira sequência e no fim do nó da segunda sequência (Pn2'). A Princesa torna-se, assim, candidata às provas, no lugar de um Príncipe particularmente apagado. Ela torna-se, portanto, de fato, a verdadeira heroína que merece um conto no qual as mulheres vêm em socorro de um mundo masculino totalmente bloqueado.

O terceiro parágrafo, dominado pela narração, corresponde à *re-ação* (Pn3') que, geralmente, constitui o *nó* das sequências narrativas. Trata-se da preparação da prova propriamente dita. A intervenção da Rainha no discurso direto [Ass(RA3)DD] confirma o fato de que, a partir de então, ela toma a direção das operações. O *desenlace* (Pn4') apresenta-se como um diálogo que alterna perguntas da Rainha e respostas da Princesa [P(RA4) DD > R(PR3)DD, em seguida a P(RA5)DD > R(PR4)DD]. Na sua última resposta, a Princesa prova que adivinhou a causa de seus sofrimentos. A questão da sensibilidade da pele aparece, assim, como um saber exclusivamente feminino. Nesse conto, o teste permanece secreto e se passa entre mulheres. A exclusão do Rei e do Príncipe, desse *desenlace*, constitui toda a originalidade narrativa de um conto que termina (*situação final* Pn5′) com uma *avaliação* das respostas da Princesa, pela Rainha [Av(RA6)DD], com a retomada dos sinais exteriores da elevação social e com a resolução da falta inicial.

Esquema 1
Estrutura composicional de "A prova das pequenas ervilhas"

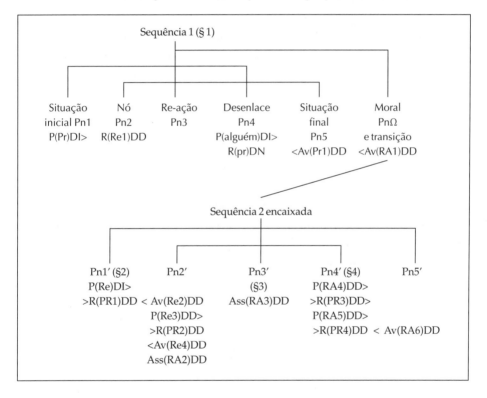

Enquanto que a primeira sequência reparte a fala (em discurso direto) de modo igualitário entre o Rei (Re), o Príncipe (Pr) e a Rainha (RA), a segunda confirma o desequilíbrio dos papéis: a Rainha domina com cinco intervenções, a Princesa com quatro (sempre exclusivamente reativas), o Rei com duas apenas (mais iniciativas) e o Príncipe com mais nenhuma.

Essa estrutura narrativa, na qual a segunda sequência divide a primeira em duas, prova que os Grimm não misturam duas narrativas (como certos comentaristas afirmam), mas que eles tornam complexa uma primeira sequência por meio de uma segunda. É todo o sentido da tomada de fala da Rainha, ao fim da primeira sequência-parágrafo. Ela anuncia uma moral que vale por toda a história do ponto de vista do Príncipe, mas de modo algum do ponto de vista da Princesa. Esta não espera, pelo contrário, ganha sua felicidade assumindo riscos e afrontando provas. A narrativa torna-se complexa, então, por colocar em evidência dois pontos de vista e por uma desigualdade de saberes. As mulheres possuem o saber e dirigem um curso de eventos do qual os homens não mais participam ativamente. Na segunda sequência, em Pn2', a Princesa se transforma até mesmo em narradora da história — resumida — de sua viagem de aventuras.

3.3 "A Princesa sobre a pequena ervilha"

Andersen segmenta seu texto em parágrafos que correspondem muito precisamente às grandes "escansões" de ações e de eventos da narrativa. Como no conto dos Grimm, o primeiro parágrafo forma uma sequência narrativa completa e merece, portanto, uma análise que vai nos permitir dizer algumas palavras, pelo viés da tradução, sobre a escrita tão singular de Andersen.

3.3.1 Análise textual e comparativa das traduções do primeiro parágrafo

Críticos e editores não hesitam em dizer que Andersen conhecia mal a ortografia e a pontuação. Assim agindo, eles não buscam compreender as propriedades de sua escrita e passam ao lado das invenções linguísticas do contista dinamarquês. A tradução de um texto numa outra língua é um fato variacional revelador da poética dos tradutores, de sua teoria da linguagem e um testemunho da historicidade desses leitores: a tradução é "uma atividade que aciona um pensamento da literatura, um pensamento da linguagem" (Meschonnic, 1999, p. 18). As traduções francesas procedem a uma normalização e a um "afrancesamento" dos contos de Andersen, em nome de uma teoria implícita da "clareza" e da "elegância" da língua francesa, de uma concepção não repetitiva das unidades lexicais, de uma certa ideia da pontuação e do comprimento das frases. A comparação de cinco traduções francesas do primeiro parágrafo será suficiente para dar uma ideia das dificuldades de tradução dos contos de Andersen. Retomamos o texto dinamarquês para facilitar a comparação.

Prindsessen paa ærten

[P1] Der var engang en Prinds; han vilde have sig en Prindsesse, men det skulde være en *rigtig* Prindsesse. [P2] Saa reiste han hele Verden rundt, for at finde saadan en, men allevegne var der noget i Veien, Prindsesser vare der nok af, men om det var *rigtige* Prindsesser, kunde han ikke ganske komme efter, altid var der noget, som ikke var saa rigtigt. [P3] Saa kom han da hjem igjen og var saa bedrøvet, for han vilde saa gjerne have en virkelig Prindsesse.

T1. Tradução de P. G. La Chesnais (Mercure de France, 1937)

La Princesse au petit pois

[P1] Il y avait une fois un prince qui voulait avoir une princesse, mais elle devait être une *vraie* princesse. [P2] Et il voyagea dans le monde entier pour en trouver une, mais toujours il y avait quelque chose à redire, les princesses ne manquaient pas, mais étaient-elles de *vraies* princesses, il ne pouvait s'en assurer tout à fait, toujours il y avait quelque chose qui n'était pas comme il fallait. [P3] Et il rentra chez lui tout chagrin, car il aurait voulu avoir une véritable princesse.

A princesa da pequena ervilha

[P1] Era uma vez um príncipe que queria ter uma princesa, mas ela deveria ser uma *verdadeira* princesa. [P2] E ele viajou no mundo inteiro para encontrar uma, mas sempre havia alguma coisa para criticar, as princesas não faltavam, mas se eram *verdadeiras* princesas, ele não podia se assegurar completamente, sempre havia alguma coisa que não era como precisava ser. [P3] E ele voltou para casa todo triste, pois queria ter uma verdadeira princesa.

T2. Tradução de D. Soldi, E. Grégoire e L. Moland (Garnier-Flammarion, 1970)
La Princesse sur un pois

[P1] Il y avait une fois un prince qui voulait épouser une princesse, mais une princesse véritable. [P2] Il fit donc le tour du monde pour en trouver une, et, à la vérité, les princesses ne manquaient pas; mais il ne pouvait jamais s'assurer si c'étaient de véritables princesses; toujours quelque chose en elles lui paraissait suspect. [P3] En conséquence, il revint bien affligé de n'avoir pas trouvé ce qu'il désirait.

A princesa sobre uma ervilha

[P1] Era uma vez um príncipe que queria desposar uma princesa, mas uma princesa verdadeira. [P2] Ele deu então uma volta no mundo para encontrar uma e, na verdade, as princesas não faltavam; mas ele não podia nunca se assegurar se eram verdadeiras princesas; sempre alguma coisa nelas lhe parecia suspeito. [P3] Em consequência, ele voltou bem aflito por não ter encontrado o que desejava.

T3. Tradução de Régis Boyer (Pléiade, Gallimard, 1992)
La princesse au petit pois

[P1] Il y avait une fois un prince. [P2] Il voulait épouser une princesse, mais ce devait être une *vraie* princesse. [P3] Alors, il voyagea par le monde entier pour en trouver une de ce genre, mais, partout, il y avait quelque chose à redire. [P4] Des princesses, il n'en manquait pas, mais que ce soient de *vraies* princesses, il ne pouvait en être tout à fait sûr, toujours, il y avait quelque chose qui n'allait pas vraiment. [P5] Alors il revint chez lui et il était bien affligé, car il aurait tellement voulu une véritable princesse.

A princesa da pequena ervilha

[P1] Era uma vez um príncipe. [P2] Ele queria desposar uma princesa, mas esta devia ser uma *verdadeira* princesa. [P3] Então, ele viajou pelo mundo inteiro para encontrar uma desse tipo, mas, por todo lugar, havia alguma coisa para criticar. [P4] Princesas não faltavam, mas se eram *verdadeiras* princesas, ele não podia estar completamente certo disso, sempre, havia alguma coisa que não ia bem realmente. [P5] Então ele voltou para casa e estava bem aflito, pois queria demais uma verdadeira princesa.

T4. Traducão de J.-J. Gateau e Poul Høybye (Høst & Søn, Copenhague, 2003)
La Princesse sur le pois

[P1] Il était une fois un prince qui voulait prendre une princesse pour femme, mais ce devait être une *vraie* fille de roi. [P2] Il courut donc la terre à la ronde pour en trouver une, mais partout il trouvait à redire, des princesses certes on n'en manquait pas, mais était-ce de *vraies* princesses, il n'arriva jamais à s'en assurer, toujours il y avait quelque chose qui n'allait pas. [P3] Et il rentra donc chez lui tout attristé, il aurait tant voulu avoir une princesse véritable.

A princesa sobre a ervilha

[P1] Era uma vez um príncipe que queria tomar uma princesa por esposa, mas esta devia ser uma *verdadeira* filha de rei. [P2] Ele deu, então, toda uma volta na terra para encontrar uma, mas por todo canto ele encontrava o que criticar, de princesas certamente não havia falta, mas se eram *verdadeiras* princesas, ele não chegou nunca a se assegurar disso, sempre havia alguma coisa que não ia bem. [P3] E ele voltou então para casa todo entristecido, ele queria tanto ter uma princesa verdadeira.

T5. Tradução de Marc Auchet (Poche Classique, 2003)
La Princesse sur le pois

[P1] Il était une fois un prince, il était à la recherche d'une princesse, mais il voulait que ce soit une *vraie* princesse. [P2] Il fit donc le tour du monde pour en trouver une, mais il y avait toujours quelque chose qui n'allait pas: les princesses ne manquaient pas, mais il ne pouvait jamais être tout à fait sûr que c'étaient de *vraies* princesses. [P3] Il y avait toujours quelque chose qui n'était pas vraiment comme il fallait. [P4] Il revint alors chez lui, et il était bien triste, car il aurait tellement voulu avoir une vraie princesse.

A princesa sobre a ervilha

[P1] Era uma vez um príncipe, ele estava à procura de uma princesa, mas ele queria que ela fosse uma *verdadeira* princesa. [P2] Ele deu, então, uma volta no mundo para encontrar uma, mas havia sempre alguma coisa que não ia bem: as princesas não faltavam, mas ele não podia nunca estar completamente certo de que eram *verdadeiras* princesas. [P3] Havia sempre alguma coisa que não era realmente como era preciso. [P4] Ele voltou então para casa, e ele estava bem triste, pois ele queria demais ter uma verdadeira princesa.

Dessas cinco traduções, três detêm-se nas três frases tipográficas do texto dinamarquês, enquanto que as duas outras modificam a pontuação, acrescentando uma ou duas frases. Apenas Boyer e Auchet evitam, após o ponto e vírgula que interrompe a primeira frase, a introdução de uma relativa determinativa, conforme a fórmula canônica "um príncipe que queria desposar uma princesa". Nós estamos diante, portanto, de um novo segmento sintático e semântico. Andersen é, provavelmente, muito original nesse ponto, e seu estilo, muito diferente do modelo formular esperado; esse estilo é, pois, transposto numa língua codificada do conto francês. Por outro lado, duas traduções (T2 e T4) não respeitam os itálicos altamente significativos de *"rigtig* Prindsesse" e de *"rigtige* Prindsesser", sobre os quais falaremos novamente no Capítulo 4.

O texto dinamarquês utiliza o retorno insistente de *så*, com seu valor de advérbio de intensidade que bem estabelece o *si* [tão] intensificador do francês, ao final de P2 e de P3: *så rigtigt* (1), *så bedrøvet* (2), *så gerne* (3). As variações de tradução desses três intensificadores são as seguintes: *så rigtigt* (1) é traduzido por *pas comme il fallait* [não como era preciso] (T1), *suspect* [suspeito] (T2), *pas vraiment* [não [...] realmente] (T3), *pas* [não] (T4), *pas vraiment comme il fallait* [não [...] realmente como era preciso] (T5), e propomos, de preferência, *pas si vrai* [não tão verdadeiro], a fim de conservar o valor intensificador de *så-si*. *Så bedrøvet* (2) é traduzido por *tout chagrin* [todo triste] (T1), *bien affligé* [bem aflito] (T2, T3), *tout attristé* [todo entristecido] (T4), *bien triste* [bem triste] (T5); nós preferimos conservar o mesmo intensificador: *si triste* [tão triste]. *Så gerne* (3) não é traduzido em T1 e T2; ele é recuperado na forma dos intensificadores *tellement* [demais], em T3 e T5, e *tant* [tanto], em T4; propomos ficar com *si fort* [tão fortemente]. Nota-se que T1 recupera apenas o valor intensificador dos dois primeiros *så*; T2 só leva em conta a intensidade do segundo; T3 recupera bem o segundo e o terceiro, mas fracamente o primeiro, para o qual uma simples inversão da negação e do advérbio nos aparece como uma solução; T4 não recupera o valor intensificador do primeiro; T5 reforça demais o primeiro, mas traduz bem os dois outros, encontrando uma nova solução para *bedrøvet*, traduzido por *triste* [triste]. Nenhuma dessas traduções procura recuperar a relação de *så rigtigt* com as ocorrências precendentes de *rigtig Prindcesse* [verdadeira princesa] e de *rigtige Prindcesser* [verdadeiras princesas]. Nossa tradução opta, portanto, pela repetição das diferentes formas de *si-så*, inclusive o *si* [se] interrogativo de "se eram verdadeiras princesas", ao qual renunciam os tradutores.

Enquanto *men* é unicamente traduzido por *mais* [mas], vê-se que as traduções de *Så* no início de frase diferem muito. As traduções feitas para esse *så*, dessa vez com valor de conector, são geralmente *ainsi* [assim], *donc* [então, pois, portanto] e *alors* [então]. O *for* dinamarquês de P3 é retomado perfeitamente por *car* [pois]; ele difere do *for* de P2 que se pode traduzir por *pour* [para] ou *afin de* [a fim de]. La Chesnais se contenta com um *et* [e] para os *Så* no início de P2 e de P3. Os tradutores hesitam visivelmente entre *et* [e], que é um conector submarcado, e *en conséquence* [em consequência], que é sobremarcado pela causa. Essas duas possibilidades de tradução das cadeias de ações narrativas permitem acentuar os vínculos de causa-consequência ou reforçar as relações temporais.

Boyer (T3) e Auchet (T5) são os únicos a levar em conta a importância do conector *og*, que é um verdadeiro *et alors* [e então]: "*SÅ* [ALORS; [então]] *kom han da hjem igen* [prop. a] *OG* [ET [e]] *var så bedrøvet* [prop. b], *FOR* [CAR [pois]] *han ville så gerne have en virkelig prinsesse* [prop. c]". Os três outros tradutores reduzem as proposições "a" e "b", transformando simplesmente "b" em uma propriedade do sujeito da proposição "a" ("tout chagrin" [todo triste] e "bien affligé" [bem aflito]). É evidente que essa escolha tem consequências sobre o ritmo da última frase. Enquanto as traduções T2 e T4 quebram totalmente essa frase periódica ternária, a de La Chesnais (T1) reduz P3 a um ritmo binário. Em dinamarquês, a repartição da frase em três tempos cria um ritmo semelhante ao de P1 e põe em relevo o paralelismo das proposições [c] e de suas duas últimas palavras: "*Der var engang en prins* [prop. a]; *han ville have sig en Prindsesse* [prop. b], *men det skulle være en rigtig Prindsesse* [prop. c]". Não se pode criticar, em si, a decisão de Boyer, que evita a relativa e faz de [b] de P1 o início de uma nova frase. Com efeito, a proposição [b] opera, na classe principesca ("UN prince" [UM príncipe]) introduzida em [a], uma seleção em dois tempos. Entre os príncipes da classe genérica, um príncipe que busca uma princesa é selecionado [b] e, em acréscimo, um príncipe que quer encontrar uma "*verdadeira* princesa" ("*vraie* princesse"; "*virkelig* Prindsesse") [c]. Essa progressão restringe progressivamente a classe dos príncipes e a das princesas. É, sobretudo, essa última classe que o conector "mais" [mas] e o operador lexical em itálicos *"vraie/virkelig"* [verdadeira] vêm modificar em [c]. Eles abrem, na classe lexical "princesse" [princesa], um encadeamento sobre o qual repousa todo o conto: a possibilidade de o lexema "princesse" não corresponder a uma entidade conforme sua definição. É a possibilidade de um ser designado como "princesa" não ser verdadeiramente uma princesa (por decomposição do ser e do parecer, da verdade e da mentira) que desencadeia a história.

À luz desse conjunto de observações e dos ensinamentos dessas opções de tradução, propomos uma tradução de trabalho e uma decomposição das três frases periódicas (P) do primeiro parágrafo em uma série de proposições (com notações de [a] a [k]):

> [P1-a] Il était une fois un Prince; [b] il voulait se trouver une Princesse, [c] mais ce devait être une *vraie* Princesse. [P2-d] Alors, il fit le tour du monde pour en trouver une comme ça, [e] mais, partout, il y avait quelque chose qui allait de travers, [f] des Princesses, il y en avait bien assez, [g] mais si c'étaient de *vraies* Princesses, [h] il ne pouvait pas en être absolument sûr, [i] il y avait toujours quelque chose qui n'était pas si vrai que ça. [P3-j] Alors, il s'en revint à la maison [k] et il était si triste, [l] car il voulait si fort avoir une véritable Princesse.

> [P1-a] Era uma vez um Príncipe; [b] ele queria encontrar uma Princesa para si, [c] mas esta devia ser uma *verdadeira* Princesa. [P2-d] Então, ele deu a volta no mundo para encontrar uma assim, [e] mas, por todo canto, havia alguma coisa que dava errado, [f] Princesas, havia bem muitas, [g] mas se eram *verdadeiras* Princesas, [h] ele não podia estar absolutamente certo disso, [i] havia sempre alguma coisa que não era tão verdadeiro como isso. [P3-j] Então, ele voltou para casa [k] e estava tão triste, [l] pois queria tão fortemente ter uma verdadeira Princesa.

Guiada pelos conectores, a leitura ultrapassa as fronteiras tipográficas de frases e a estrutura periódica, em proveito de agrupamentos das proposições em conjuntos ou macroproposições narrativas. Indo claramente no sentido dessa estruturação macrossemântica do texto, Andersen segmenta seu conto em parágrafos que correspondem bem precisamente à formatação narrativa de grandes escansões de ações e eventos e, para o

O TEXTO LITERÁRIO

fragmento em que nos detemos, em um parágrafo que corresponde muito exatamente a uma sequência narrativa completa, descrita a seguir.

- A *Situação inicial*-Pn1 é composta de uma proposição [a] que põe a personagem principal ("un Prince" [um Príncipe]) e de uma segunda proposição [b] que torna preciso o conteúdo estereotipado da busca ("se trouver une Princesse" [encontrar um Princesa para si), marcada pela modalidade "vouloir" [querer].
- Essa primeira frase periódica fecha-se em uma proposição [c], cuja importância é destacada pelo conector *mais-men* [mas]. Essa proposição introduz uma propriedade "vraie" [verdadeira], evidenciada pela escolha tipográfica dos itálicos, e uma modalidade "devoir" [dever]. Considere-se, de um ponto de vista narrativo, um *Nó*-Pn2 que orienta a intriga. Assim, a decomposição da frase periódica P1 em duas unidades narrativas é guiada semanticamente pelo conector *mais-men* [mas].
- No início da segunda frase periódica (P2), a proposição [d], introduzida pelo conector *alors/så* [então], apresenta a partida do herói como o nó acional da sequência (*Re-Ação*-Pn3). Por sua vez, essa frase periódica é também decomposta com base numa interpretação narrativizante.
- Apoiando-se no conectivo *mais-men* [mas], essa interpretação faz da continuidade da segunda frase periódica um *Desenlace*-Pn4, simétrico ao *Nó*-Pn2. As proposições [e] e [f], assim como as proposições [g-h] reforçadas por um outro *mais-men* [mas], e a proposição [i] colocam, no centro da intriga, a impossibilidade para o Príncipe de reunir o ser e o parecer das princesas encontradas ("il ne pouvait pas en être absolument sûr" [ele não podia estar absolutamente certo disso]).
- Essa primeira sequência fecha-se com a terceira frase-período tipográfica, introduzida pelo conector temporal *alors/så* [então]. A proposição [j] atende por um "retorno" ao "ponto de partida" da proposição [d]. A primeira sequência acaba, assim, com uma *Situação Final*-Pn5, cujo caráter negativo é realçado pelas proposições [k] e [l]. A ênfase é posta na aflição do Príncipe e no fracasso de sua bus-

ca: [l] remete às proposições [b] ("il voulait" [ele queria]) e [c] ("vraie/ véritable Princesse" [verdadeira/verídica Princesa/de verdade].

Considere-se uma estrutura das frases periódicas desse parágrafo, articulada em torno dos conectores *mais/men* [mas] et *alors/så* [então], a partir da qual se estabelece a sequência narrativa:

Período P1			Período P2		Período P3
[a-b]	MAS [c]	⟶ ENTÃO [d]	MAS [e-f]		
Situação inicial				MAS [g-i]	⟶ ENTÃO [j-k] POIS [l]
	Nó		Re-ação	Desenlace	Situação final
Pn1	Pn2		Pn3	Pn4	Pn5

A tradução de Soldi et al. (T2) apoia-se nesta estrutura que é realçada ao manter apenas quatro conectores nas junções das quatro macroproposições narrativas:

P1 [Pn1 MAS Pn2] P2 [POIS Pn3 MAS Pn4] P3 [EM CONSEQUÊNCIA Pn5]

Essa simplificação da sintaxe sacrifica o ritmo do texto dinamarquês em proveito da legibilidade da lógica narrativa do parágrafo, mais difícil de extrair do texto dinamarquês.

3.3.2 Análise textual da continuação da narrativa

A partir do segundo parágrafo, a sequência inicial é reinterpretada pelo leitor (esquema 2) e reduzida apenas à localização da falta. Ela constitui, a partir de então, apenas a primeira macroproposição narrativa (Pn1') de um conto que recomeça (Pn2'-*Nó*) com o conjunto formado pelos segundo e terceiro parágrafos. Os parágrafos 4 e 5 correspondem ao *Núcleo da ação* (Pn3'), constituído — como no conto dos Grimm — pela preparação da prova. O *Desenlace* (Pn4') assume a forma de uma nova sequência encaixada, a única

O TEXTO LITERÁRIO

sequência dialogal de todo o conto. É uma diferença estilisticamente importante em relação a "A prova das pequenas ervilhas". Essa sequência explora as diversas maneiras de, na escrita, tornar completo um diálogo elementar: *Pergunta* anônima ("on" [alguém], no discurso indireto no parágrafo 6, *Resposta* da Princesa no discurso direto, no parágrafo 7, e *Avaliação* dessa resposta num discurso anônimo ("on" [alguém]) que resvala progressivamente no indireto livre, no parágrafo 8. O encaixamento, nesse ponto da narrativa, de uma única sequência dialogal põe em relevo a importância do desenlace da história. Os parágrafos 9 e 10 correspondem, respectivamente, à *Situação final* (Pn5') e à saída da narrativa por uma fórmula típica de *Encerramento* (PnΩ), cuja ironia deve ser levada em conta. Assim, podemos resumir o conjunto do conto e a diferença dos projetos de Andersen e dos Grimm que se inscreve na estrutura composicional dos dois textos, do seguinte modo:

Esquema 2
Estrutura composicional de "A Princesa sobre a pequena ervilha"

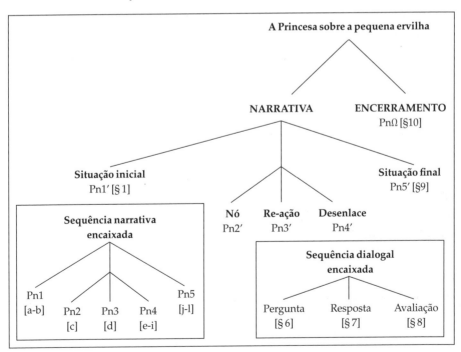

A diferença de estrutura dos dois contos torna visível o desdobramento em duas partes, próprio à narrativa dos Grimm, e a maior simplicidade do texto de Andersen. As numerosas sequências dialogais encaixadas do primeiro conto, que assinalam a importância das diferentes personagens, contrastam com a breve sequência dialogal de "A princesa sobre a pequena ervilha".

3.4 Dois projetos narrativos e genéricos diferentes

O conto de Andersen parece pôr em cena um percurso positivo que comporta o ciclo mínimo da passagem de uma *degradação* ou de uma *falta* a um *melhoramento* ou *apagamento da falta*. Mas de que maneira se realiza aqui essa passagem? Em termos narratológicos, poder-se-ia dizer que, de forma canônica, a primeira sequência apresenta um objeto de valor do qual o herói está separado. Um programa narrativo conjuntivo, do tipo daqueles que a semiótica narrativa descreve,[11] é facilmente identificável: um sujeito (o Príncipe) está numa relação de desejo (querer uma Princesa) que se transforma em busca de um objeto (verdadeira/verídica Princesa), assim modelizado e valorizado. Notemos que o sujeito de estado (o Príncipe) é também, na primeira sequência de Andersen, sujeito operador de sua transformação. No entanto, ao fracassar na sua tentativa de transformação, ele permanece nesse estado de disjunção no fim da primeira sequência e abandona, por toda a continuação do conto, a posição de agente da transformação. Como no conto dos irmãos Grimm, o Príncipe não ocupa, então, mais que uma posição de paciente-sujeito de estado, e o objeto de valor apresenta-se, ele próprio, no castelo... ou, para dizer de outro modo, desde que, no término da sequência inicial, o Príncipe se retira da narrativa, ele é substituído pela Princesa que, como heroína e em seu lugar, passa por uma prova final de reconhecimento (a *Sanção* tradicional dos contos, emparelhada com o *Retorno* incógnito). Tudo isso é pelo menos surpreendente em relação à dinâmica semântico-ética desse gênero de narrativa que quer que

---

11. Sobre a semiótica narrativa e a abordagem linguística da narrativa, ver Adam, 1994a.

um herói submeta-se a provas que lhe permitam crescer e revelar o seu valor. Essa matriz narrativa é enfraquecida e subvertida de forma diferente no conto de Andersen e no dos Grimm.

Desde as primeiras palavras, a intriga está apoiada numa propriedade descritiva da personagem da Princesa: a autenticidade. A princesa que bate à porta do castelo não dissimula sua identidade, mas é incapaz de significá-la nas duas narrativas. A prova da pequena ervilha permite provar-revelar, garantir a autenticidade do ser dessa princesa que pode, então, ser desposada. O conto de Andersen negligencia o episódio importante das roupas reais, pérolas e diamantes ostentados pela princesa de Grimm, na saída da prova das pequenas ervilhas. Esta princesa passa, assim, muito clara e simbolicamente, do não-parecer, que dissimulava seu ser, à certificação de sua identidade, pela visibilidade dos sinais dessa identidade até então escondida. Isso nos põe na pista do alcance semiológico profundo da história que Andersen explora, de uma forma bem diferente dos Grimm.

Se acreditarmos na voz narrativa do conto dinamarquês, o Príncipe está mergulhado num universo paranoico: as princesas não faltam, mas elas não parecem como tais aos olhos de um Príncipe que, como nos contos de identidade usurpada, pensa viver num mundo de enganação e de mentira, onde as princesas encontradas são apenas falsas pretendentes. No conto de Andersen, pode-se falar de um desmoronamento narrativo das aventuras: o Príncipe não encontra nem adjuvantes, nem oponentes. Sua própria relação com a verdade, sua desconfiança paranoica para com os sinais emitidos por outras pessoas, impedem-no de encontrar uma verdadeira princesa. O Príncipe é, por sua desconfiança doentia, seu próprio oponente. Totalmente incapaz de controlar a reversibilidade possível dos sinais, compreende-se que ele volte desesperado para casa e desapareça na história, para ressurgir apenas no momento de se casar com uma princesa finalmente certificada conforme. Ele sofre de uma doença semiológica. Saindo da ingenuidade da primeira infância, ele tomou consciência do fato de que as convenções sociossimbólicas, e a convencionalidade dos sinais da língua em particular, podem ser revertidas permanentemente. Mas a paranoia espreita aqueles que suspeitam de tudo, a todo momento (Petitat, 1997, p. 145). Se os atores — aqui, as princesas — mentem sistematicamente, a comunicação torna-se totalmente impossível e a vida em sociedade encontra-se particularmente complicada com isso. O gênero do conto sofre, assim — mais radicalmente em Andersen do que nos Grimm —, um claro deslocamento de uma intriga centrada na ação (as aventuras dos heróis) para uma intriga centrada em um conhecimento e num reconhecimento.

A prova da pequena ervilha é, nos dois contos, atualizada por uma rainha que é a única detentora de um saber fazer. Esta última exerce, assim, mais que um papel de simples adjuvante, ela assume a sanção final (reconhecimento e anúncio do casamento ou do noivado). Pode-se dizer que o papel da pequena ervilha, no estratagema da rainha, é simplesmente o de salvar a ordem social aristocrática, separando, com certeza, a dissimulação e a simulação, além de revelar a evidência escondida. Andersen, por sua vez, joga ironicamente com o fato de que o equilíbrio do mundo aristocrático dos contos não se deve a nada mais que a uma pequena ervilha. No mundo verdadeiro, nenhum equivalente da pequena ervilha pode ter essa função, e nenhuma velha rainha está lá para propor soluções mágicas.

O conto dos Grimm é muito diferente. Sem instaurar uma distância irônica, ele não questiona, de modo algum, as convenções do gênero. Muito pelo contrário, os Grimm participam de sua estabilização e de seu reforço. A dinâmica narrativa de seu texto concentra-se na personagem da princesa de longe. Nesse conto de heroína feminina, é ela quem deseja o objeto de valor, quem percorre o mundo e submete-se às provas para ser, finalmente, recompensada. Renunciando aos privilégios de sua classe, ela viaja, em nome de seu desejo, sem cortejo nem bagagens que lhe permitiriam, na ocasião, trocar de roupa. A consequência dessa precipitação é assumir um risco: no final de seu périplo, ela não mais possui os sinais de sua identidade de classe. Ao se apresentar no castelo, tão completamente incógnita quanto a princesa de Andersen, ela é submetida à mesma prova canônica de identificação daquela, mas não é descrita com o mesmo luxo de detalhes irônicos. Em vez de contar, como os Grimm, as causas e as modalidades de seu périplo através do mundo, Andersen traça o retrato de uma princesa de triste aparência que surge, ridícula, do nada.

Além disso, no conto dos Grimm, a prova das pequenas ervilhas é justificada por uma necessidade de ganhar tempo que não aparece, de modo algum, no conto dinamarquês. Uma fórmula do Rei resume o princípio que as personagens dos Grimm parecem aprovar: "O mais rápido será o melhor". Trata-se, para uma personagem, de encontrar rapidamente uma esposa de alto nível, para a outra personagem, de percorrer o mundo tão rapidamente quanto possível para satisfazer seu desejo. Enfim, as três pequenas ervilhas da prova apenas permitem que não se perca tempo para enviar embaixadores ao fim do mundo. A identidade da princesa poderia ser conhecida de outra forma, mas isso tomaria tempo demais aos olhos do Rei e do Príncipe, em sua pressa. As pequenas ervilhas do conto dos Grimm não são, portanto, mais do que os auxiliares de uma verdade acessível de outra forma. Essa vontade de controle do espaço-tempo e o papel das mulheres conferem a "A prova das pequenas ervilhas" uma base de intriga bastante moderna. Pode-se lamentar que os Grimm tenham decidido retirar uma história que, além disso, põe o desejo feminino e a vontade de sua satisfação em primeiro plano. A emancipação dessa princesa que deixa para trás pais e serviçais, luxo e conforto, para correr o mundo em busca do referente do retrato que ela mal olhou, corresponderia bem à moral do mérito preconizado pelos Grimm.

Andersen, por sua vez, deixa tudo isso na sombra para destacar a doença psíquica do Príncipe. Ele deixa a Princesa de lado porque esta tentaria salvar, por seu valor, o mundo aristocrático e o gênero do conto aristocrático sobre o qual ele não quer mais construir suas histórias. A hipersensibilidade nobre da Princesa está bem distante das personagens femininas dos outros contos do autor dinamarquês, cujo protótipo é certamente a pequena Gerda de "La Reine des Neiges" [A rainha das neves], com sua sensibilidade de coração bem diferente e superior à sensibilidade de pele das privilegiadas de uma aristocracia deteriorada. A profunda ironia do final do conto de Andersen instaura uma distância crítica bastante radical. Em vez de ser o conto-tipo 704, "A princesa sobre a pequena ervilha" é, para nós, a versão irônica e crítica das histórias de príncipes e princesas. Levar em conta a coletânea na qual esse conto apareceu e os textos que o precedem e os que o seguem vai nos permitir tornar precisa essa análise num capítulo centrado, dessa vez, apenas em Andersen.

Capítulo 4

Coletânea e cotextualidade* |**

A questão da coletânea terá, igualmente, uma importância central no capítulo 5 e será considerada, de foma secundária, no capítulo 6, na análise e na tradução de um texto de Kafka. A organização da coletânea traz o problema do estatuto do poema ou do conto como textos dentro de um texto englobante. A autonomia de um conto como "La Princesse sur le petit pois" [A princesa sobre a pequena ervilha] ou de um poema como "Sonnet d'automne" [Soneto de outono] é totalmente relativa no interior do conjunto construído do primeiro caderno da coletânea dos *Contes, racontés pour des enfants* [Contos contados para crianças], de Andersen, ou da edição de 1861 de *Les Fleurs du Mal* [As flores do mal], de Baudelaire.

Escolhemos prolongar os dois capítulos precedentes, consagrando este quarto capítulo aos primeiros textos das *Eventyr, fortalte for Børn* [Contos contados para crianças], de Hans Christian Andersen, retomando "Le briquet" [O isqueiro] e "La Princesse sur le petit pois" [A Princesa sobre a

---

* Traduzido por Márcio Venício Barbosa.

** Este capítulo desenvolve um estudo de Jean-Michel Adam, "Le Texte et ses co-textes" [O texto e seus cotextos], publicado em *(Re)lire Andersen: modernité de l'oeuvre* [(Re)ler Andersen: modernidade da obra], (Auchet, M. (éd.). Paris: Klincksieck, 2007. p. 123-141).

pequena ervilha] e interrogando os efeitos dos textos que os acompanham em nossa leitura dos capítulos anteriores. Os quatro primeiros contos foram publicados em maio de 1835 em um primeiro *Cahier* [Caderno]. Sua publicação continuou, em momentos diversos, até 1837, como uma primeira coletânea de contos. A *Primeira coletânea* dos *Contos contados para crianças* reúne, então, um *Cahier 1* (publicado em 1835), que comporta os quatro textos pelos quais vamos nos interessar: "Le briquet" [O isqueiro] (9 páginas, a partir daqui identificado como "O isqueiro"), "Le petit Claus et le grand Claus" [O pequeno Claus e o grande Claus] (14 páginas, identificado aqui como "O pequeno Claus"), "La Princesse sur le petit pois" [A Princesa sobre a pequena ervilha] (1 página, identificado como "A pequena ervilha") e "Les Fleurs de la petite Ida" [As flores da pequena Ida] (10 páginas, identificado como "A pequena Ida"); um *Cahier 2*, que reúne: "La Petite Poucette" [Polegarina] (14 páginas), "Le vilain garçon" [O mau rapaz] (3 páginas) e "Le Compagnon de voyage" [O companheiro de viagem] (24 páginas); e um *Cahier 3*, que reúne: "La Petite Sirène" [A pequena sereia] (28 páginas) e "Les Nouveaux habits de l'empereur" [As novas roupas de gala do imperador] (6 páginas). Uma nova unidade foi constituída quando da publicação, em 1837, da *Primeira coletânea dos contos contados para crianças*. O acréscimo de um prefácio e a constituição da coletânea modificam o quadro de recepção dos dois primeiros *Cahiers* de 1835. Nove textos estabelecem, então, relações cotextuais no interior de uma unidade de leitura mais complexa, e assim, sucessivamente, de edição em edição, inclusive nas seleções diferentes operadas por editores e por tradutores.

Nos quatro contos do *Premier cahier*, de 1835, Andersen já é muito mais original e inventivo do que costuma-se dizer habitualmente. Esses textos são muito diferentes dos contos originados da tradição no sentido em que eles trazem questões literárias, semiológicas, estilísticas, estéticas e filosóficas importantes. A começar pelo fato de que o ser humano é um "animal simbólico", como diz Umberto Eco (1988, p. 185), que acrescenta ainda, muito simplesmente: "Há sociedade quando há comércio de signos". A entrada na ordem do simbólico implica a aprendizagem, pelas crianças e pelos "mais velhos", igualmente (para retomar uma expressão de Andersen), das relações convencionais socialmente necessárias entre os significados e os significantes no interior de uma dada língua e das relações arbitrárias entre os signos e os referentes. Compreender essas relações convencionais e arbitrárias é aprender uma língua e o respeito às normas sociais. Entretanto, a convencionalidade e o caráter arbitrário dessas regras normativas traduzem-se pela possibilidade de se jogar com elas e de transgredi-las. Em outros termos, essa aprendizagem permite tomar consciência da "reversibilidade simbólica" (Petitat, 1998). As narrativas desempenham um papel capital nessa aprendizagem da complexidade dos sistemas simbólicos. Ao explorar os mistérios do agir humano, esses sistemas evidenciam a diversidade dos usos dos signos em interações verbais. Desde a *Primeira coletânea de contos contados para crianças*, todas as possibilidades parecem já exploradas, todas as consequências, expostas, inclusive as consequências patológicas que serão novamente abordadas no restante da obra de Andersen. Há, nessa exploração sistemática, ao mesmo tempo, uma pedagogia narrativa e uma reflexão de ordem literária sobre a linguagem.

Vimos, nos dois capítulos anteriores, que "O isqueiro" e "A Princesa sobre a pequena ervilha" manifestam, explicitamente, uma renúncia às histórias de princesas que se casam com príncipes, vivem felizes e têm muitos filhos. Devido a seu caráter elipticamente irônico, "A Princesa sobre a pequena ervilha" adquire sentido, em grande parte, de sua relação com "O isqueiro" e com os outros textos do *Premier cahier*.

"O isqueiro" (T1), "O pequeno Claus e o grande Claus" (T2), "A Princesa sobre a pequena ervilha" (T3) e "As flores da pequena Ida" (T4) formam, cada um, uma unidade peritextualmente marcada pela fronteira de seu título e pelo fato de serem referenciados de forma autônoma em um índice. Apesar disso, esses quatro textos mantêm, devido a sua reunião em uma coletânea, seis relações cotextuais potenciais, legíveis em níveis linguísticos muito diferentes: lexical, morfossintático, semântico, composicional (estrutura da intriga, configurações de personagens, lugares descritos, temporalidade) e de gênero.

O TEXTO LITERÁRIO   111

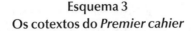

Esquema 3
Os cotextos do *Premier cahier*

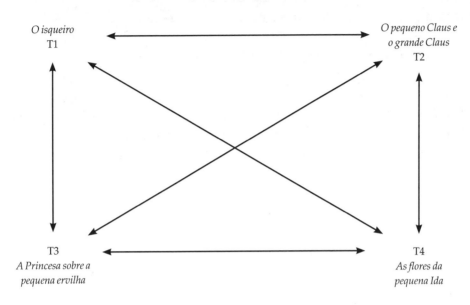

4.1 "O isqueiro" e "A Princesa sobre a pequena ervilha": relações cotextuais

Essas duas histórias de reis, rainhas, príncipes e princesas apresentam um número surpreendente de expressões comuns e de situações próximas. As retomadas lexicais são um aspecto estilístico da ligação cotextual dos contos de Andersen. Algumas dessas retomadas dizem respeito a um fato semiológico que interessa diretamente à ficção: a questão da verdade dos enunciados. Retomando mais de perto o texto dinamarquês, vimos que a autenticidade da princesa de pele sensível é indicada pela repetição de dois marcadores verocondicionais (marcadores de condições de verdade): "rigtig (rigtige/rigtigt)" e "virkelig", tão próximos, semanticamente, que os tradutores não os distinguem, sempre hesitando, além disso, entre a forma adjetival (verdadeiro/de verdade [verídico]) ou adverbial (verdadeiramente/realmente). Como vimos, as seis linhas do primeiro parágrafo de "A princesa sobre a pequena ervilha" apresentam quatro ocorrências desses dois marcadores, das quais duas destacadas em itálico. A fórmula mais frequente (quatro ocorrências) é a seguinte:

(1) Uma verdadeira [*rigtig/rigtige*][1] princesa.

Essa fórmula, duas vezes destacada em itálico no primeiro parágrafo, está acompanhada de uma outra ocorrência interessante: "alguma coisa que não ia bem realmente" (*som ikke var saa rigtig*). Encontramos, também, uma vez no primeiro parágrafo e duas vezes no restante do conto, a fórmula:

(2) Uma princesa verdadeira[*virkelig*].

A nona ocorrência, presente na cláusula irônica, joga com a semelhança da fórmula:

(3) Aí está, era uma verdadeira [*rigtig*] história!

Os mesmo lexemas[2] estão igualmente presentes em "O isqueiro", relacionados a objetos do discurso muito diferentes:

(4) Um verdadeiro [*rigtig*] soldado. (duas vezes)
(5) Um verdadeiro [*rigtig*] cavalheiro.
(6) Um verdadeiro [*rigtig*] cão.
(7) O cão que ali se encontrava tinha verdadeiramente [*virkeligt*] dois olhos tão grandes quanto a Torre Redonda!

---

1. Ao remetermos à edição dos *Samlede Eventyr og Historier* (Andersen, 2005a), para ficarmos mais próximos da língua de Andersen, distanciamo-nos de Auchet (Andersen, 2005b) e de Boyer (Andersern, 1992).Remetemos à edição dos *Samlede Eventyr og Historier* (2005a).

2. Encontramos em "O isqueiro", "O pequeno Claus" e "A pequena Ida", um "rigtignok" que pode ser traduzido, na maior parte das vezes, por um " certamente", completamente assertivo, ou por um "é verdade". Em "O pequeno Claus", encontramos compostos, como "rigtig appetit" (bom apetite) ou "ligge rigtig godt" (bem instalado), que perdem a conotação vericondicional em proveito de um valor de intensidade.Por outro lado, "rigtig riig" (verdadeiramente rico) encontra o duplo sentido do qual falamos acima.

Estamos aqui no centro da questão da realidade dos enunciados ficcionais. Compreendemos, em (4), que a personagem do soldado vai agir como um verdadeiro soldado, isto é, de acordo com a representação que podemos ter dele e que se apoia em lugares comuns culturais. O cão (6) de olhos tão grandes quanto a Torre Redonda de Copenhague é, ao mesmo tempo, tão "verdadeiro" quanto o soldado (é um cachorro impressionante, mas comparável àqueles que conhecemos no mundo) e "falso" (ele possui, diferentemente do soldado, propriedades que não são conformes às leis fisiológicas e físicas do mundo real: tamanho gigantesco de seus olhos e rapidez extrema de deslocamento no espaço). A ficção permite fazer existirem seres situados fora da dicotomia vericondicional do verdadeiro *ou* do falso, dos seres que são verdadeiros *e* falsos ao mesmo tempo, isto é, literalmente *nem verdadeiros, nem falsos*. Uma fórmula presente em "O isqueiro" (6) e em "As flores da pequena Ida" (8) resume essa dupla crença relativa à verdade ficcional dos cães mágicos (6) e do baile noturno das flores (8):

(6) É um verdadeiro cão [*rigtig hund*], você pode acreditar em mim [*kan du tro*]!

(8) Dão-se ali *verdadeiros bailes* [*rigtig bal*], você pode acreditar em mim [*kan du tro*]!

Em "O isqueiro", trata-se de saber se a princesa verdadeiramente/ realmente sonhou ou não seu encontro com o soldado:

(9) Então, foi necessário que uma das velhas senhoras da corte velasse junto ao leito da princesa na noite seguinte, para ver *se era verdadeiramente um sonho* [*en virkelig drøm*] ou para saber de que se tratava.

Como em "A princesa sobre a pequena ervilha", as personagens da realeza têm necessidade de distinguir o verdadeiro do falso. Mas, em "O isqueiro", a autenticidade da princesa não está em causa. A interrogação diz respeito apenas à natureza de um sonho cujo conteúdo lembra a previsão levada ao conhecimento do soldado pelas pessoas da cidade e posta em dúvida pelo rei:

(10) Ninguém mais, além do rei, podia ir aos aposentos da princesa, pois se previu que ela desposaria um simples soldado, e o rei não quer isso!

Em uma ocorrência que precede o beijo que o soldado não pode se impedir de dar na princesa "pois era um verdadeiro soldado" (*for det var en rigtig soldat*), esta é designada, sem hesitação, como uma *princesa de verdade*:

(11) Ela era tão encantadora que qualquer um podia ver que era uma princesa de verdade [*en virkelig prinsesse*].

Em "A Princesa sobre a pequena ervilha", o mesmo esclarecimento chega apenas depois da prova:

(12) Então, eles puderam ver que era uma verdadeira princesa [*en rigtig prinsesse*], uma vez que, através dos vinte colchões e dos vinte edredons, ela tinha sentido a ervilha. Ninguém podia ter uma tal delicadeza de pele, a não ser uma princesa de verdade [*en virkelig prinsesse*].

A diferença é importante. Em "O isqueiro" (11), a autenticidade da princesa é uma autenticidade de evidência que se atém a uma beleza visível. Nesse conto, o ser e o parecer coincidem, enquanto que em "A Princesa sobre a pequena ervilha" (12) eles precisam ser revelados por um teste mágico.

Expressões semelhantes aproximam, igualmente, o estado do soldado e o estado inicial do príncipe. Este último quer ter uma princesa para si: "Era uma vez um príncipe; ele queria encontrar para si uma princesa" (*Der var engang en prins; han ville have sig en prinsesse*). O soldado, por outro lado, contentar-se-ia em vê-la apenas por um momento: "mas eu tinha tanta vontade de ver a princesa, nem que fosse por um instante!" (*men jeg ville så inderlig gerne se prinsessen, bare et lille Øieblik!*). Essa diferença é reforçada por uma distinção entre o que quer o príncipe (13) e o que quer o soldado (14):

(13) Porque ele queria tanto ter uma princesa de verdade [*en virkelig prinsesse*].
(14) [...] Até o soldado, que a amava tanto e que teria desejado tanto ser um príncipe, para poder tomá-la como esposa.

A ordem das proposições induz, narrativamente, que é pelo fato de estar apaixonado pela deliciosa princesa que o soldado gostaria de ser príncipe e poder, assim, desposá-la. O príncipe de "A princesa sobre a pequena ervilha" não se submete aos mesmos imperativos. Seus sentimentos não são considerados. Ele apenas se interessa pela natureza aristocrática que determina o valor do objeto de sua busca.

Nos dois textos, é a rainha que imagina um estratagema particularmente engenhoso para separar o verdadeiro do mentiroso e para descobrir a verdadeira identidade da princesa em um caso (15) e a natureza de seu sonho, em outro (16):

(15) "Sim, é o que nós iremos logo saber!", pensou a velha Rainha, mas ela não disse nada, entrou no quarto de dormir, retirou todos os travesseiros e lençóis e pôs uma pequena ervilha em cima da cama, depois pegou vinte colchões, estendeu-os sobre a pequena ervilha, e depois ainda vinte edredons sobre os colchões.

(16) Mas a rainha era uma mulher muito engenhosa, cujas capacidades iam muito além de andar de carruagem. Ela tomou suas grandes tesouras de ouro, cortou pedaços de uma grande peça de seda e confeccionou uma bela bolsa; em seguida, encheu a bolsa de farinha de trigo negro muito fina, amarrou-a às costas da princesa e, feito isso, fez um pequeno furo na bolsa, para que a farinha caísse ao longo do caminho que a princesa viesse a tomar.

Esses numerosos ecos levam a uma leitura paralela e comparativa dessas duas histórias. Enquanto em "A princesa sobre a pequena ervilha" a autenticidade da princesa aparece apenas como evidente e deve ser revelada, em "O isqueiro" ninguém duvida de sua autenticidade. Enquanto "A princesa sobre a pequena ervilha" tem como pano de fundo ameaçador os contos da nobreza usurpada, "O isqueiro" não corresponde a uma usurpação pelo soldado de uma nobreza que lhe é oferecida, no fim da história. É o povo que o coroa e, libertando a princesa de seu castelo de cobre-prisão, entrega-a como sua esposa. Se o príncipe de sangue de "A princesa sobre a pequena ervilha" é melancólico e incapaz de agir por si mesmo, o soldado de "O isqueiro" aparece como a inversão sã desse príncipe paranoico.

O cumprimento da previsão temida pelo rei regenera uma monarquia envelhecida. Como verdadeiro herói, o soldado passa sucessivamente por todas as provas[3] das grandes narrativas de aventura, e isso torna a sua ascensão ao trono e a obtenção da mão da princesa narrativamente legítimas:

- prova qualificadora que permite obter a ajuda de expedientes mágicos (o isqueiro e os três cachorros), ao termo de um combate com um oponente (a feiticeira);
- conquista do objeto de valor (a princesa) com a ajuda de expedientes mágicos (os cachorros);
- prova final de exposição ao perigo (captura, prisão e resgate, por um triz, pelos expedientes mágicos);
- triunfo final (coroação e casamento).

Embora percorra com sucesso essas quatro etapas, o soldado age sem mandato inicial, sem saber aonde vai e, portanto, sem o plano estratégico herdado das grandes narrativas de revelação de heróis. Ele cumpre a previsão em vez de se lançar em uma busca. Entre o primeiro texto do *Cahier* e o terceiro, pode-se falar de um progressivo desmoronamento narrativo das aventuras. O gênero do conto sofre um deslocamento de uma intriga centrada na ação (as aventuras de um herói como o soldado) para uma intriga centrada em um conhecimento e um reconhecimento.

Como vimos no capítulo 3, o mundo descrito em "A princesa sobre a pequena ervilha" é terrível: se o príncipe tem razão, o mundo humano é insuportável, pois a mentira está por toda parte e a confiança, por isso, é impossível. Se os outros mentem sistematicamente, a vida em sociedade é impossível. O teste da ervilha salva a ordem social aristocrática ameaçada, separando, com exatidão, a dissimulação da simulação, como o faria um teste científico em um mundo reconduzido, assim, a um universo de certezas absolutas. O fato de a princesa trazer traços da sensibilidade de pele da realeza sobre seu corpo é uma manifestação visível: um *índice*, no sentido semiológico do termo, um traço físico de sua invisível origem de classe. O mundo do príncipe é psiquicamente aterrador, mas o mundo da ervilha da

---

3. Sobre essas noções, ver a releitura de Propp e de Greimas proposta por Adam (1994a, p. 47-68).

velha rainha é, ao mesmo tempo, perfeito e muito simplista, bem distante da complexidade do mundo real. Compreendemos que um tal instrumento de detecção da verdade e de proteção do corpo social seja colocado, no final do texto, em um gabinete de curiosidades ou em uma sala de tesouros do castelo! Mas, se a ervilha salva por um triz a ordem social, ela chega também a curar o príncipe de sua doença semiológica? Este se casa com a princesa, de alguma forma certificada como tal, mas nada garante que ele tenha compreendido a complexidade da comunicação humana. Em vez desse sistema binário simplista, comunicar é, ao mesmo tempo, dizer e não dizer tudo; a significação emerge no ponto de encontro do que é enunciado e do que não o é, como teoriza magistralmente o sociólogo André Petitat (1999, p. 96).

Andersen não desenvolve essa história, pois, se o mundo fosse tão simples quanto o da ervilha, não haveria mais fábula semiológica a ser contada. É, na minha opinião, o que dizem, por contraste, os dois textos que acompanham "A princesa sobre a pequena ervilha". A começar pela incrível história de "O pequeno Claus e o grande Claus", que multiplica, à maneira das pequenas fábulas medievais, por meio de episódios de ludíbrio, o jogo com o verdadeiro e o falso, com a verdade e a mentira.

4.2 "O pequeno Claus e o grande Claus": uma lição de semiótica

Em uma dessas fórmulas cujo segredo conhece, Umberto Eco (1975, p. 17) define a semiótica como "a disciplina que estuda tudo o que pode ser utilizado para mentir". Seguindo essa definição, o pequeno Claus aparece como um semiótico experimentado. Encontramos, na abertura dessa narrativa, a expressão (3) do final de "A princesa sobre a pequena ervilha", mas de uma forma mais claramente intensiva, conforme uma nuance possível entre "rigtig" e "virkelig":

(17) É uma história de verdade! [*for det er en virkelig historie!*]

Podemos traduzir (17) tanto por "é uma história e tanto!" quanto por "é uma história verdadeira!". O sentido, nesse caso, sendo duplo, preferimos optar pelo ambíguo "é uma verdadeira história!", em que "verdadeira" remete tanto à verdade do conto quanto a uma intensificação destinada a destacar seu interesse para o leitor. Trata-se, por outro lado, de um "véritable [*virkelige*] sacristain" [sacristão de verdade], quando o pequeno Claus faz o camponês acreditar que o diabo tomou essa aparência. A questão da verdade e da mentira é, evidentemente, trazida, assim, ao cerne dessa narrativa ficcional.

Diferentemente do herói de "O isqueiro", o pequeno Claus manipula os outros para saírem de sua pobre condição inicial. Ele repara, assim, o malfeito do qual foi vítima quando o grande Claus matou o cavalo que era sua única fonte de renda. O pequeno Claus é o tipo de personagem astuciosa das fábulas medievais. Esse gênero narrativo, caracterizado pelas repetições cômicas de acontecimentos e pela banalização da morte, é um componente da genericidade da história de Andersen. O leitor não tem, efetivamente, tempo para se entristecer com as mortes sucessivas de duas avós, com a morte do velho boiadeiro e, ainda menos, com a do grande Claus. O mundo representado é tão realista quanto o das fábulas e novelas de Boccace, as quais vêm à mente diante do episódio do sacristão surpreendido em plena refeição copiosa com a fazendeira e escondido por ela em um baú.

O triunfo do pequeno Claus é um triunfo da palavra. Essa personagem tagarela fala demais no início da narrativa, incapaz de guardar as palavras que o grande Claus lhe havia proibido de pronunciar quando lhe emprestou seus cavalos: "Eia, todos meus cavalos!". Esse defeito é, em seguida, transformado em capacidade de criar mundos de mentira, povoados de feiticeiros e ondinas. Esse domínio dos signos esclarece a problemática semiológica sobre a qual fundamos nossa leitura da coletânea do *Premier cahier*. O pequeno Claus faz o camponês acreditar que o sacristão é a encarnação do diabo. Ele finge quando diz que vai jogar o sacristão no rio. Ele mente, fazendo o grande Claus acreditar que obteve dinheiro, sucessivamente, com a venda da pele de seu cavalo e do cadáver de sua avó. Ele faz o albergueiro acreditar que fora ele mesmo que, em um movimento de cólera, havia matado sua avó. Enfim, o mundo marinho que ele constrói no fim da história permite-lhe inventar uma ondina à qual o grande Claus vai querer juntar-se.

O TEXTO LITERÁRIO

A invenção do feiticeiro na bolsa que o pequeno Claus faz falar, na casa do camponês, pisando na pele de cavalo que está dentro , aparece como uma variante do gênio da lâmpada de Aladim, que está na origem de "O isqueiro". Como o gênio, o feiticeiro fictício poderá, supostamente, realizar os desejos daquele que o possui. É assim que o pequeno Claus vende sua falsa bolsa-isqueiro-lâmpada de Aladim para o camponês crédulo.

O extraordinário aqui é que não há gênio da lâmpada nem isqueiro mágico; não há nada além da força da linguagem e da crença depositada nas palavras do ludibrioso pequeno Claus pelos seus interlocutores. Ele consegue de tal forma levar seus interlocutores a acreditarem na realidade dos mundos que inventa que subtrai cada vez mais dinheiro deles; e, no apogeu da operação, depois de ter levado o grande Claus, por mentiras sucessivas, a matar seus quatro cavalos e sua própria avó, leva-o voluntariamente ao suicídio, por afogamento consentido.

A personagem do pequeno Claus é o modelo de uma revanche do fraco e pobre sobre os poderosos, por meio apenas de sua habilidade verbal. Seu sucesso econômico e sua revanche social passam pela manipulação experiente da reversibilidade simbólica. Esse segundo conto do *Premier cahier* entra, assim, em correspondência com os três outros textos. "A pequena ervilha" é o exemplo inverso do extremo domínio do pequeno Claus. Os poderosos príncipes e reis não têm mais esse domínio dos signos, e seu poder está em declínio. Era já perceptível a derrota do rei de "O isqueiro", desorientado pelas cruzes sobre os muros das casas que deviam indicar-lhe a morada do sedutor de sua filha. Por outro lado, o soldado e o pequeno Claus triunfam apenas com sua iniciativa e seu domínio das coisas e do mundo, por um, e da linguagem, por outro. É tentador ver aí uma figuração do trabalho do escritor Andersen e, mais amplamente, da arte da narrativa.

4.3 "As flores da pequena Ida": a função explicativa da ficção narrativa

O estudante da última história do *Premier cahier* possui a mesma capacidade do pequeno Claus. Partindo de uma questão da pequena Ida relativa ao fato de que as flores murcham, ele constrói uma versão ficcional de nosso mundo:

> (18) "Minhas pobres flores, elas estão mesmo mortas!", diz a pequena Ida. "Elas estavam tão belas ontem à noite, e agora todas as folhas caem, esmaecidas! Por quê?", pergunta ela ao estudante sentado sobre o sofá [...] "Por que as flores estão tão feias hoje?", pergunta ela ainda, mostrando-lhe um buquê completamente murcho.

A menina gosta muito do estudante porque, assim como o próprio Andersen[4],

> (19) Ele conhecia tão belas histórias e sabia recortar imagens tão divertidas: corações com pequenas figuras femininas dentro, e que dançavam; flores e grandes castelos cujas portas podiam ser abertas; ele era divertido, esse estudante!

Para o "ennuyeux conseiller de chancellerie" [entediante conselheiro de chancelaria], agora segundo a voz narrativa, essas "amusantes images bizarres" [divertidas imagens bizarras] são mais fantásticas:

> (20) Às vezes era um homem pendurado em uma forca, segurando um coração com a mão, pois era um ladrão, ele roubava todos os corações, às vezes uma velha feiticeira que cavalgava uma vassoura e que trazia seu marido sobre o nariz.

Diferentemente do pequeno Claus, o estudante não utiliza sua habilidade semiótica para se defender ou para enganar. Ele se situa sobre um plano completamente diferente: o plano da ficção, isto é, em uma ordem do discurso e do sentido, a qual não é, como já vimos acima, literalmente, *nem verdadeira nem falsa*. É, claro, aquilo a que o conselheiro de chancelaria, localizado no centro do texto como representante de uma leitura vericondicional, está totalmente impermeável: "Que idéia fazer uma criança acreditar nessas coisas! Sempre essa estúpida imaginação!".

---

4. Sabemos que Andersen era, como o estudante, especialista em papéis cortados e colados. Ele chegou mesmo a ilustrar assim algumas de suas histórias.

O estudante inventa um mundo ficcional pelo menos tão maravilhoso quanto o mundo marinho do final de "O pequeno Claus"; mas enquanto este era mentiroso e destinado a enganar o grande Claus, a história do baile noturno das flores se apresenta como uma ficção heurística, pontuada de *"rigtignok"* (*c'est vrai, bien sûr, certes*) [é verdade, certamente, claro] que assinalam um reconhecimento da realidade das coisas do mundo. Mas, ao lado dessa realidade factual admitida, encontramos *"rigtigt bal"* (8) dos quais participam as flores e *"virkelige vinger"* (*asas de verdade*) que transformam suas pétalas em asas de borboletas. Por volta do meio da narrativa, no momento em que se trata de um grande lírio amarelo colocado perto do piano, Ida se põe a acreditar na versão ficcional do mundo proposta pelo estudante:

(21)   O estudante havia dito: "Oh! Como ele se parece com a senhorita Line!", e todo mundo zombou dele: mas agora Ida também achava que a longa flor amarela se parecia verdadeiramente [*virkelig*] com a senhorita.

No *Premier cahier*, Andersen convoca sucessivamente os gêneros da narrativa maravilhosa oriental em "O isqueiro", com a lembrança de Aladim e das *Mil e uma noites*, da fábula medieval em "O pequeno Claus", além de trazer à cena o universo agonizante dos contos maravilhosos tradicionais em "A pequena ervilha". A quarta narrativa explora, por sua vez, o gênero discursivo dos contos etiológicos ou narrativas em "Por que...?". É por uma espécie de conto etiológico que o estudante responde aos "Por que...?" da criança. Ainda que Andersen declare que essa narrativa é apenas fruto da imaginação, ele diz, em outra parte, conhecer o "Quebra-nozes e o rei dos camundongos" (em "Os irmãos de São Serapião"), de E. T. A. Hoffmann.

O que faz a originalidade de Andersen é ele inscrever o fantástico onírico de "O quebra-nozes" em uma espécie de narrativa etiológica. Ele remonta, assim, a mais longe na memória dessas narrativas pelas quais os homens, para responder aos "Por que...?", têm explicado os mistérios do mundo tão bem quanto as coisas próximas e as mais banais. Os folcloristas classificam esse tipo de narrativas na categoria dos "por que...?" (por que o camelo rola nas cinzas, por que o cão e o gato brigam um com o outro etc.). A arte de Andersen consiste em utilizar, parcialmente, o gênero do conto etiológico, sem adotar sua estrutura binária. As narrativas etiológicas comportam, com efeito, geralmente duas sequências temporais e opõem dois mundos: ações e acontecimentos, situados em um passado distante, se desenvolvem em um mundo longínquo e ficcional que aproxima essas narrativas etiológicas das grandes narrativas míticas; espera-se dessa versão ficcional do mundo que explique fenômenos observáveis no mundo real:

> A finalidade da etiologia é expor uma certa cadeia de ações em um passado distante e, em seguida, tirar daí as consequências que explicam um fenômeno dado da realidade ao leitor. A etiologia trabalha assim sobre duas seções temporais. (Nojggard, 1964, p. 156)

A história que conta o estudante explica bem o fato de as flores estarem murchas pela manhã, mas sua explicação não remonta ao tempo das origens:

> Essa literatura genealógica contava as *aitia*, origens, isto é, o estabelecimento da ordem do mundo [...]. A história é uma enquete sobre aquilo que é; a *aitiologia*, por sua vez, advinha o que permanece escondido [...]. Seu método explicativo consiste em explicar uma coisa por seu começo. (Veyne, 1981, p. 16)

O gênero do conto etiológico deixa apenas alguns traços na narrativa de Andersen. Como bom leitor de Hoffmann, ele cria uma zona um pouco incerta, situada entre a realidade e o sonho, entre dois mundos:

(22) No decorrer da noite, ela acordou: havia sonhado com flores e com o estudante, que era admoestado pelo conselheiro de chancelaria, pelo fato de fazê-la acreditar nessas coisas. Não havia barulho algum no quarto de dormir em que Ida se encontrava: a lamparina estava acesa sobre a mesa de cabeceira, e seu pai e sua mãe dormiam.

A passagem termina por um retorno elíptico ao sonho, quatro páginas adiante:

(23) No final, as flores deram boa noite umas às outras; e a pequena Ida deslizou, então, para sua cama, sem fazer barulho, e sonhou com tudo o que tinha visto.

O TEXTO LITERÁRIO   123

Os acontecimentos que se sucederam entre os mundos da vigília e do sono são descritos como nas narrativas de sonhos. Da mesma forma, isso acontece com a metamorfose de personagens saídas do mundo da vigília, que crescem ou diminuem bruscamente:

(24) Com suas flores de papel, [a vara do carnaval] pensava também que fazia parte das flores. É preciso reconhecer que ela era muito bonita e estava arrematada por uma pequena boneca de cera que tinha na cabeça um grande chapéu, como aquele que o conselheiro de chancelaria usava. [...] A boneca de cera que estava sobre a vara do carnaval cresceu de repente e se alongou, rodopiou acima das flores de papel e gritou muito forte: "Como se pode ter a ideia de fazer uma menina acreditar em coisas como essas?! Isso é imaginação, isso é estupidez!", e então a boneca de cera assemelhou-se com exatidão ao conselheiro de grande chapéu; ela tinha a tez amarela e a aparência tão brava quanto ele; mas as flores de papel lhe deram golpes nas pernas magras e, repentinamente, ela se curvou e tornou-se uma minúscula boneca de cera. [...] A vara do carnaval continuou a dançar, e o conselheiro foi obrigado a dançar também, ele bem que tentou crescer e alongar-se ou tomar a forma da pequena boneca de cera amarela com grande chapéu, nada acontecia!

Antes que a noite chegasse, Ida já havia feito entrar a ficção em um universo próximo daquele do jogo infantil. O jogo, o sonho e a ficção etiológica criam um universo narrativo particular, no qual o que é dito pode, ao mesmo tempo, ser e não ser verdadeiro:

(25) Durante toda a noite, ela não pôde se impedir de pensar no que o estudante lhe contara, e quando ela teve de ir para a cama, foi preciso, primeiro, que ela fosse deslizar atrás das cortinas das janelas, onde sua mãe cultivava belas flores, jacintos e tulipas, e ela cochichou bem docemente: "Eu bem sei que vocês vão ao baile esta noite!", mas as flores fizeram como se não compreendessem nada e não mexeram nem a menor das folhas, mas a pequena Ida sabia o que ela sabia.

A mudança de lógica está inteiramente nesses "Eu sei bem", "Ida sabia bem o que ela sabia". O mutismo das flores aparece como fingido (fizeram como se). Esse texto é mais complexo que "As novas roupas de gala do imperador". A verdade aqui não vem da boca ou da língua da criança: a verdade é ficcional. Toda narrativa etiológica realiza essa verdade metafórica da ficção à qual Andersen foi sensível. A pequena menina integra a explicação etiológica em seu sistema cognitivo, e isso lhe permite aceitar e compreender muito simplesmente a velhice e a morte. Completando, com seus primos, um ritual de inumação das flores, ela prova que se tornou serena, que compreendeu e aceitou o escoamento do tempo e da vida, a velhice e a morte das flores. Ela transpõe, para um mundo situado entre o mundo real e o do jogo infantil, uma aprendizagem tirada da ficção e que integra a perspectiva religiosa da ressurreição das flores. Ela cumpre a última vontade das flores defuntas: "Diga à pequena Ida que ela deve nos enterrar no jardim, no mesmo lugar do pequeno canário; nós rebrotaremos então, no próximo verão, e seremos ainda mais belas!".

A complexidade da enunciação narrativa é bastante elevada aqui. O estudante é, na primeira parte da narrativa, uma figura do narrador-contador. O texto encerra não apenas uma figuração de sua enunciação, mas também de sua contestação (pelo "entediante conselheiro de chancelaria") e mesmo de sua recepção (a pequena Ida figura a utilização dos ensinamentos da ficção pelos próprios leitores-ouvintes dos contos do *Premier cahier*).

4.4 Inversão dos signos e ambivalência da narrativa

Os primeiros contos de Andersen narrativizam as relações da linguagem e da ficção. A liberdade de uso dos signos pelas personagens desemboca em inversões múltiplas do mundo representado e dos sistemas de saber. A diversidade das surpresas que daí resulta tem como efeito um constante distanciamento humorístico e irônico. A ambivalência está em toda parte. Em "A princesa sobre a pequena ervilha", o teste científico da velha rainha triunfa sobre a loucura do príncipe, mas esse teste é de cunho maravilhoso, e a muito realista doença do herdeiro do trono denuncia o estado da nobreza. Em "As flores da pequena Ida", a ficção do estudante prevalece sobre o racionalismo ranzinza do conselheiro de chancelaria, mas essa ficção heurística permite à pequena Ida compreender a realidade antropológica da morte dos seres e de receber uma resposta a seus "Por que...?" existenciais. À agonia do maravilhoso do mundo do conto tradicional responde um novo uso da ficção e uma transformação do gênero. As duas outras narrativas do *Premier cahier* iniciam os leitores em um mundo hiper-realista. O universo do soldado de "O isqueiro", a despeito da ajuda mágica do isqueiro-lâmpada de Aladim e dos cachorros, não dá ilusões: os amigos são interesseiros; os soldados do rei, covardes; e o povo, temeroso. O universo do pequeno Claus, particularmente sombrio e desencantado, só desponta pelo riso da farsa. Ironia e distanciamento aparecem assim como as palavras mestras de uma literatura que não se dirige, seguramente, apenas às crianças. Peer E. Sørensen (2007) qualificou a enunciação das narrativas de Andersen de "incerta". Falamos, acima, de "dupla destinação", demonstrando assim a complexidade de uma escritura que as traduções ocultaram por muito tempo.

A ambivalência dessas ficções heurísticas está confirmada pelo curto texto central do *Deuxième cahier*: "O mau rapaz". A figura mítica do pequeno deus Amor, retomada da fábula antiga de Anacreonte, aparece aqui sob a forma de um menino malvado que recolhe um "velho poeta verdadeiramente bom" (*rigtig god gammel digter*). Este último é vítima da flecha do arco fatal de seu protegido, que o toca "verdadeiramente em pleno coração" (*han var virkelig skudt lige ind i hjertet*). Ele decide, então, dedicar sua vida a ensinar os perigos que apresenta esse malvado menino-Amor, mesmo que seja em vão, pois sua flecha atinge todo mundo, um dia, geração após geração. Como o diz a conclusão da história, se essa narrativa de advertência não é de forma alguma eficaz, não possibilitando evitar (o) Amor, pelo menos, graças ao poeta: "Mas agora você o conhece! Você sabe que é, de fato, um menino malvado!" (*Men nu kender du ham! ved, hvad han er for en uartig dreng!*). Em outras palavras, o que importa é saber que, por meio do bom velho poeta-contador, a narrativa transmite o pensamento narrativo e o alcance filosófico da narrativa.

Capítulo 5
Coletânea e intertextualidade*|**

Procedendo a uma extensão da unidade de análise do poema como texto no grupo de poemas e na coletânea, levaremos em conta o fato de que todo texto, como toda palavra de uma língua, traz em si os ecos de seus empregos anteriores em contextos discursivos diferentes. Isso foi frequentemente observado a respeito da presença, em *As flores do mal*, de intertextos de Gautier, de Dante e dos Salmos. O próprio Baudelaire reconhecia o que ele chama de "plágios" de Hugo, Virgílio, Homero, Longfellow e Poe. Como a memória intertextual dos autores e leitores submete-se a variações no tempo, a análise de discursos se interessa pelo *corpus* dos textos que circulam no interdiscurso de um estado sócio-histórico definido do texto estudado (momento de sua produção, de suas edições, de suas traduções e, mais amplamente, de suas leituras)[1]. A consideração dessa

---

1. Traduzido por Márcio Venício Barbosa.

** Uma primeira versão deste capítulo foi publicada na revista *Semen*, n. 24 – *Linguistique et poésie: le poème et ses réseaux*, coordenado por Michèle Monte e Joëlle Gardes Tamine (Presses Universitaires de Franche-Comté, Besançon, nov. 2007, p. 123-144).

1. Não faltam trabalhos eruditos, e as edições críticas trazem inúmeras referências pontuais que atestam os "empréstimos" de Baudelaire. Ver, em particular, Vivier (1926) e Pommier (1945). John E. Jakson (1982) interessou-se pelos que se referem a Gautier e a Villon, acerca da onipresença da morte. Seu trabalho, realmente comparatista, insiste nas diferenças de sentido e não se contenta com um catálogo de "fontes". Ver Heidmann (2005, p. 114-116; 2006, p. 153-157) para uma definição dos conceitos de *diálogo intertextual e intergenético*. Ver Paveau (2006), para o *interdiscurso*, e Adam (2006), para uma revisão relativa aos conceitos de *interdiscurso* e *intertextualidade*.

heterogeneidade discursiva é uma extensão da teoria da língua (heterogeneidade constitutiva[2]). A poesia de Baudelaire contradiz a definição que Bakhtin propõe do estilo, segundo este último, profundamente monolíngue da poesia: "Da mesma forma é estranho ao estilo poético um olhar que seja sobre as línguas estrangeiras, sobre as possibilidades de um outro vocabulário, de uma outra semântica, de outras formas sintáticas, de outros pontos de vista linguísticos" (Bakhtin, 1978, p. 107). Além do uso repetido da palavra inglesa "spleen", Baudelaire chega até a escrever "Franciscæ meæ laudes" [53] inteiramente em latim e multiplica os títulos latinos, como "Sed non satiata" [26], "De profundis clamavi" [30], "Duellum" [35], "Semper eadem" [40] e "Mœsta et errabunda" [55], ou gregos, como "L'Héautontimorouménos" [83]. Em "L'Horloge" [O relógio] [85], o enunciador até mesmo declara: "Mon gosier de métal parle toutes les langues" (v14) [Minha goela de metal fala todas as línguas]. Mas é sobretudo o fato de que certas palavras, certos sintagmas e até trechos inteiros de textos podem ser atravessados por valores e ecos de outros empregos que reterá nossa atenção. Certos enunciados apenas fazem sentido na percepção desse diálogo com outros textos ao qual nenhum gênero de discurso pode se subtrair.

5.1 "Sonnet d'automne", em *As flores do mal* de 1861

Esse diálogo intertextual desenvolve-se, igualmente, no quadro cotextual da coletânea como espaço de reagrupamento não aleatório de poemas. Baudelaire dava uma grande importância à construção de *As flores do mal*: "O Livro deve ser julgado *no seu conjunto,* e então brota daí uma terrível moralidade" (Baudelaire, 1975, p. 193). Jules Barbey d'Aurevilly o diz muito explicitamente em um artigo proposto ao *Pays*, em julho de 1857, e largamente utilizado na defesa do advogado Gustave Chaix d'Est-Ange, quando do processo de *As flores do mal*, em resposta à acusação do procurador Pinard:

---
2. Authier-Revuz, 1984.

[...] No livro do Sr. Baudelaire, cada poesia tem, além do sucesso dos detalhes e da fortuna do pensamento, *um valor muito importante de conjunto e de situação*, que não se pode deixar perder descartando-o [...]. *As flores do mal* não estão na sequência umas das outras como tantos trechos líricos, dispersos pela inspiração e reunidos numa coletânea sem outra razão senão a de reuni-los. Elas são menos poesias que uma obra poética *da mais forte unidade*. No ponto de vista da Arte e da sensação estética, elas perderiam muito, então, em não serem lidas *na ordem* em que o poeta, que sabe bem o que faz, as organizou. Mas elas perderiam muito mais *sob o ponto de vista do efeito moral* [...]. (Aurevilly, citado por Pichois, em Baudelaire, 1996, p. 19)

Se a metodologia de análise estrutural da poesia se fecha, metodologicamente, na unidade do poema, os trabalhos desenvolvidos sobre a métrica de *As flores do mal* ampliaram a análise para o espaço da coletânea e para os diversos estados genéticos do verso[3] ou do soneto[4] baudelairianos. As relações cotextuais não são ignoradas pela crítica, que sempre se interessou pela "arquitetura secreta" da coletânea[5]. Assim, Pichois (Baudelaire, 1975, p. 903) e Nuiten (1979, p. 240-241) mostram bem que certas variações editoriais estão em relação direta com a cotextualidade. A reescritura completa do segundo terceto do quarto soneto ("IV – Le portrait") [O retrato] da peça [38] "Un Fantôme" [Um fantasma], introduzida em 1861, pode ser interpretada como o arranjo de uma transição com a peça seguinte, "Je te donne ces vers..." [Dou-te estes versos...] [39], já presente na edição de 1857.

Considerando as variações autoriais e editoriais dos textos como um componente diacrônico da textualidade inseparável das sincronias cotextuais dos estados sucessivos das coletâneas, trata-se de tirar o conceito de texto de sua clausura estrutural e atingir um aspecto importante de sua discursividade. Os procedimentos de tratamento hipertextual dos vocábulos de uma coletânea tornam acessível a integralidade dos contextos de

---

3. Gouvard (1994) e Dominicy (1996).
4. Gendre (1996) e De Cornulier (2002a).
5. Por exemplo, Ruff (1966, p. 103-121) e, de forma mais completa, Ratermanis (1949) e Lawler (1997).

emprego de um item dado do *corpus* de *As flores do mal* (Viprey, 1997; 2002). A marcação das colocações (co-ocorrências de vocábulos) permite uma leitura atenta da estruturação reticular (Legallois, 2006), não sequencial (Viprey, 2006) dos textos.

Nossa análise trata apenas de uma parte da seção "Spleen et idéal" [Spleen e ideal] (peças [1] a [85]) que cobre mais da metade de *As flores do mal* e comporta, ela mesma, uma estrutura interna que a atenção genética às variações editoriais aclara. Centraremos nossa atenção na parte destacada em cinza na tabela dos deslocamentos e acréscimos (em negrito) de poemas entre as duas edições.

Première édition: 1858		Deuxième édition: 1861	
51	Causerie >>>>>>>>>>>>>>>>>>	55	Causerie
		56	Chant d'automne
		57	À une madone
		58	Chanson d'après-midi
		59	Sisina
52	L'Héautontimorouménos (83)		
53	Franciscae meae laudes >>>>>>>>>	60	Franciscae meae laudes
54	À une dame créole >>>>>>>>>>>	61	À une dame créole
55	Moesta et errabunda	62	Moesta et errabunda
	CENTRE NUMÉRIQUE DES FLEURS DU MAL	63	**Le Revenant** <<<<<<<<<<<< (72)
		64	**Sonnet d'automne**
		65	**Tristesse de la lune** <<<<<<<< (75)
56	Les Chats >>>>>>>>>>>>>>>>>	66	Les Chats
57	Les Hiboux >>>>>>>>>>>>>>>>	67	Les Hiboux
		68	**La Pipe** <<<<<<<<<<<<<<< (77)
		69	**La Musique** <<<<<<<<<<<<< (76)
		70	**Sépulture** <<<<<<<<<<<<<< (74)
		71	**Une gravure fantastique**
		72	**Le Mort joyeux** <<<<<<<<<<< (73)
		73	**Le Tonneau de la haine** <<<<< (71)
58	La Cloche fêlée >>>>>>>>>>>>>	74	La Cloche fêlée
59	Spleen >>>>>>>>>>>>>>>>>>>	75	Spleen
60	Spleen >>>>>>>>>>>>>>>>>>>	76	Spleen
61	Spleen >>>>>>>>>>>>>>>>>>>	77	Spleen
62	Spleen >>>>>>>>>>>>>>>>>>>	78	Spleen

Primeira edição: 1858		Segunda edição: 1861	
51	Conversa >>>>>>>>>>>>>>>>>>	55	Conversa
		56	**Canto de outono**
		57	**A uma madona**
		58	**Canção da tarde**
		59	**Sisina**
52	O heautontimoroumenos (83)		
53	Franciscae meae laudes >>>>>>>>>	60	Franciscae meae laudes
54	A uma dama crioula >>>>>>>>>>>	61	A uma dama crioula
55	Moesta et errabunda	62	Moesta et errabunda
	CENTRO NUMÉRICO DE AS FLORES DO MAL	63	Aquele que retornou <<<<<<< (72)
		64	**Soneto de outono**
		65	Tristeza da lua <<<<<<<<<< (75)
56	Os gatos >>>>>>>>>>>>>>>>>>	66	Os gatos
57	As corujas >>>>>>>>>>>>>>>>>	67	As corujas
		68	O cachimbo <<<<<<<<<<<< (77)
		69	A música <<<<<<<<<<<<<< (76)
		70	Sepultura <<<<<<<<<<<<< (74)
		71	**Uma gravura fantástica**
		72	O morto feliz <<<<<<<<<<< (73)
		73	O barril do ódio <<<<<<<<<< (71)
58	O sino fendido >>>>>>>>>>>>>>	74	O sino fendido
59	Spleen >>>>>>>>>>>>>>>>>>>>	75	Spleen
60	Spleen >>>>>>>>>>>>>>>>>>>>	76	Spleen
61	Spleen >>>>>>>>>>>>>>>>>>>>	77	Spleen
62	Spleen >>>>>>>>>>>>>>>>>>>>	78	Spleen

Esses movimentos devem ser levados muito a sério, se acreditamos nestas palavras de uma carta de Baudelaire a Alfred de Vigny: "O único elogio que solicito para esse livro é que se reconheça que ele não é um puro álbum e que ele tem um começo e um fim. Todos os poemas novos foram feitos para serem adaptados ao quadro singular que eu havia escolhido" (Baudelaire, 1973, p. 196). As peças [71] a [77] da primeira edição são deslocadas e recolocadas em uma ordem completamente diversa no bloco de dez poemas criados em torno dos novos de 1861 ([64] e [71]). O fato de ter sido conservado o ciclo dos "Spleen", que abre "O sino fendido" [74], permite identificar o fim do bloco de peças trabalhadas em 1861. Acima, "O heautontimoroumenos" [83] é deslocado para o final de "Spleen e ideal", onde se reúne a "L'Irrémédiable" [O irremediável] [84] e "L'Horloge" [O relógio] [85].

As peças acrescentadas, de [56] a [59], inscrevem-se em um conjunto de textos enunciativos marcado pela estrutura interlocutória EU < > TU-feminino, de acordo com um modelo da poesia amorosa que, ainda que se inspire no petrarquismo, o renova. Esse ciclo, iniciado com "Parfum exotique" [Perfume exótico] [22], completa-se com "Le Revenant" [Aquele que retornou] [63] e "Sonnet d'automne" [Soneto de outono] [64].

James Lawler, que procedeu a uma análise da arquitetura das coletâneas de 1857 e de 1861, faz de Baudelaire o mais matemático dos grandes poetas franceses e insiste sobre a vontade de coerência estrutural: "Tudo parece, à primeira vista, desordenado, mas os ritmos regulares de um método dialético sustentam os poemas e, de alguma forma, encadeiam o infinito pelos números" (LAWLER, 2002, p. 41). Se seguirmos essa pista, as 126 peças intituladas e numeradas da coletânea de As *flores do mal* de 1861 formam uma estrutura numérica cujo centro são os poemas [63] e [64]. Um grupo de 62 poemas completa-se com "Le Revenant" [63], e um outro grupo de 62 poemas segue "Sonnet d'automne" [64]. Este último poema é seguido dos 21 últimos poemas de "Spleen e ideal" e das 41 peças divididas nas cinco partes seguintes. Esses dois números correspondem à subdivisão possível da primeira parte de "Spleen e ideal": 21 poemas, de "Bénédiction" [Benção] a "Hymne à la beauté" [Hino à beleza] [21], formam um conjunto que trata do ideal do artista. Seguem os poemas que se pode dizer do ciclo de amor, que se encerram por [63] e [64]. A partir daí, começa um terceiro ciclo (de 21 peças, como o primeiro). Veremos que colocações comuns unem "Perfume exótico" [22] e "Soneto de outono" [64].

5.2 Um soneto monótono

Publicado na *Revue contemporaine* de 30 de novembro de 1859, "Soneto de outono" traz em seu título um traço do gosto de Baudelaire pela "beleza pitagórica" da forma-sentido do soneto: "Porque a forma é impositiva, a ideia jorra mais intensa. Tudo vai bem no Soneto, a bufonaria, o galanteio, a paixão, o sonho, a meditação filosófica. Há ali a beleza do metal e do mineral bem trabalhados" (carta a A. Fraisse, de 18 de fevereiro de 1860). *As flores do mal* contam com sessenta sonetos tanto de 5 quanto de 7 rimas. Em um grande número deles, os quartetos adotam um esquema de quatro rimas, e as variações da estrutura das três rimas dos tercetos é maciçamente explorada. Apenas a regra de alternância das rimas femininas (em maiúsculas, no esquema que segue) e masculinas (em minúsculas) permanece constante. Ao olhar dessa poética baudelairiana do soneto (Gendre, 1996, p. 175-199; De Cornulier, 2002a), "Soneto de outono" destaca-se por sua economia. Mesmo rodeado de sonetos de 7 rimas ([63], [65], [66], [67]), sua combinatória de rimas está reduzida à alternância de uma masculina /al/ e de uma feminina /it(e).

SONNET D'AUTOMNE [64]

Ils me disent, tes yeux, clairs comme le cristal:	a (al)
"Pour toi, bizarre amant, quel est donc mon mérite?"	B (it)
— Sois charmante et tais-toi ! Mon coeur, que tout irrite,	B (it)
Excepté la candeur de l'antique animal,	a (al)
Ne veut pas te montrer son secret infernal,	a (al)
Berceuse dont la main aux longs sommeils m'invite,	B (it)
Ni sa noire légende avec la flamme écrite.	B (it)
Je hais la passion et l'esprit me fait mal	a (al)
Aimons-nous doucement. L'Amour dans sa guérite,	B (it)
Ténébreux, embusqué, bande son arc fatal.	a (al)
Je connais les engins de son vieil arsenal:	a (al)
Crime, horreur et folie! — Ô pâle marguerite!	B (it)
Comme moi n'es-tu pas un soleil automnal,	a (al)
Ô ma si blanche, ô ma si froide Marguerite?	B (it)

TRADUÇÃO LITERAL:

SONETO DE OUTONO

Eles me dizem, teus olhos claros como o cristal:
"Para ti, amante incomum, qual é, pois, meu mérito?"
— Sê bela e cala-te! Meu coração que tudo irrita,
Exceto a candura do antigo animal,

Não te quer mostrar seu segredo infernal,
Ama cuja mão aos longos sonos me convida,
Nem sua negra legenda com a chama escrita.
Odeio a paixão e o espírito me faz mal

Amemo-nos calmamente. O Amor em sua guarida,
Tenebroso, emboscado, entesa seu arco fatal.
Conheço os engenhos de seu velho arsenal:

Crime, horror e loucura! — Ó pálida margarida!
Como eu, não és tu um sol outonal,
Ó minha tão branca, ó minha tão fria Margarida?

Esse poema foi pouco estudado.[6] Suas duas rimas poderiam parecer "pobres", mas elas se apoiam em tal "fureur du jeu phonique" [furor do jogo fônico],[7] que somos obrigados a descrevê-las em detalhe, sem esque-

---

[6] J. Molino e J. Tamine assinalam o fato de que "as rimas podem também trabalhar na relação dos quartetos e dos tercetos, uma ou mais rimas dos tercetos retomariam a(s) dos quartetos (cf. "Sonnet d'automne": *abba abba baa bab*)" (1988, p. 112). M. Richter nota que esse texto rompe com o feitio das outras peças: "Esse soneto torna-se *outonal*, isto é, *monótono*, em razão de suas *duas* únicas rimas (al e ite)" (2001, p. 619). B. de Cornulier aproxima essa "monotonia rímica" da descoloração da mulher-flor-sol pálida e branca à qual responde um amante definido, ele próprio, como um pálido sol outonal. Ele destaca um fato capital: "Gerador do soneto no plano rímico, o nome de Margarida também o é, talvez, do curioso verso que ele conclui" (2002a, p. 232) e destaca a presença, na cesura do último verso, da sílaba de ataque (MA) do nome próprio. Para um primeiro esboço da presente análise, ver igualmente Adam (2003).

[7] Expressão de Jakobson (1973, p. 435) a respeito de uma carta de Saussure a Meillet mais longamente citada em Jakobson (1973, p. 190-201). Ver também o ensaio de J. Starobinski (1971) sobre os *Cahiers d'anagrammes* de Saussure e as sínteses de Adam e Goldenstein (1976, p. 42-59).

cer que, para Baudelaire, "o ritmo e a rima respondem, no homem, às imortais carências de monotonia, de simetria e de surpresa" (Baudelaire, 1991, p. 254).

5.2.1 Sistema e disseminação da rima em /al/

A rima em /al/ apresenta um primeiro grupo de apoios consonantais diferentes:

1	Ils Me disent, Tes yeux, clairs coMMe le crisTAL:	t + al (1)
4	ExcepTé la candeur de l'anTique aNiMAL,	m + al (1)
5	Ne veut pas Te Montrer son secret inferNAL,	n + al (1)

As três consoantes (t-m-n) estão presentes, de forma insistente, antes da rima (v_1: m-t, m-t, v_4: t-n-m, v_5: n-t-m-n). O grupo tal/mal/nal é, em seguida, integralmente retomado, em uma ordem diferente, sustentado pela presença de cada um dos fonemas consonânticos de base no verso:

8	Je hais la passion et l'esprit Me fait MAL!	m + al (2)
10	TéNébreux, embusqué, bande son arc faTAL.	t + al (2)
11	Je coNNais les engins de son vieil arseNAL:	n + al (2)

O v_{13} sintetiza o material fônico assim posto à disposição nas reduplicações das rimas 1-10 (tal), 4-8 e 5-11 (nal), seguindo a ordem (t + m + n) do primeiro grupo:

13	...CoMMe Moi N'es-Tu pas un soleil auToMNAL,	**t + m + n + al (3)**

Uma das mais importantes reescrituras do texto de 1859 trata da rima final do $v_{13,}$ que passa de "hivernal" (1859) a "automnal" (1861). Essa escolha tardia assegura a presença do fonema /t/ e a presença gráfica da consoante /m/ não pronunciada, além do /n/ em um significante que retoma e transforma o título: o "so(nnet d')automne" torna-se "so(leil) automnal". O significante do título é cotextualmente inseparável de um outro poema introduzido em 1861: "Chant d'automne" [Canto de outono]

O TEXTO LITERÁRIO

[56], que associa explicitamente à rima os vocábulos "automne" (v_{14}) e "monotone" (v_{13}). Essa rima, já utilizada igualmente em "Perfume exótico" [22], não é explorada em "Soneto de outono", no qual a redução do material fônico induz um ritmo semantizável como *monótono*. Como, aliás, não ler nesse material fônico um grupo significante muito baudelairiano: "mal natal"? A derivação do substantivo "automne" para o adjetivo "automnal" faz-se, apesar da presença silenciosa de um /m/ não pronunciado, pela adjunção do significante "mal" no significante "automne". Isso resulta na criação de uma espécie de palavra-valise que lembra a última palavra do título da coletânea, "autoMnAL", e faz desse outono um *automne malade* [outono doente].

5.2.2 Rima em /it/ e anagramatização progressiva da palavra-tema

A rima em /it/ sofre um trabalho diferente, mas igualmente progressivo que leva à aparição do prenome "Marguerite". Conforme a definição jakobsoniana do verso como "figura fônica recorrente" (Jakobson, 1963, p. 233), a matéria fônica da palavra-tema — no sentido em que Saussure a entendia em sua teoria da poética "fonizante" e do anagrama — é disseminada, sucessivamente, nos versos:

2	"Pour toi, biz*ARR*e *AM*ant, quel est don Mon Mé*RITE*?"	RITE
3	— Sois ch*ARM*ante et tais-toi! Mon cœur, *QUE* tout i*RRITE*,	RITE
6	Berceuse dont la *M*ain aux longs so*MM*eils *M'*inv*ITE*,	ITE
7	Ni sa noire légende avec la fl*AMM*e éc*RITE*.	RITE
9	Aimons-nous doucement. L'*AM*ou*R* dans s*A* G*U*é*RITE*,	MA G RITE
12	*CRI*me, horreur et folie! — O pâle *MARGUERITE*!	RI MARGUERITE
14	O *MA* si blanche, ô *MA* si froide *MARGUERITE*?	MA MA MARGUERITE

Os v_2 e v_7 iniciam o reagrupamento do material fônico que a rima estabiliza. Se consideramos os fonemas invertidos de "ch*ARM*ante" e a grande proximidade fônica das oclusivas velares surda (fonemas /k/) e sonora (fonema /g/), o v_3 forma quase o significante final: MAR(k/g)

ERITE. Pode-se dizer a mesma coisa do v_9, com o grupo MAR mudado em "AMouR" e a substituição da vogal /e/ por [é]: MARGU(é)RITE. Disseminada nos versos de forma insistente, a "palavra-tema" realiza o esquema inverso da anagramatização da palavra-título que Jakobson observa no último "Spleen" e em "Le Gouffre" [O Abismo] (Jakobson, 1973, p. 434-435).

5.2.3 Flutuações correferenciais e disseminação do intertexto

Esse poema, que começa pelos indexicais "me" e "tes", à espera de seus referentes, repousa sobre uma construção textual que não resvala para o molde do soneto, já que o segundo verso aparece como uma pergunta à qual respondem os 12 versos seguintes. Esse estranho diálogo está assegurado por um único locutor que introduz a regra (v_1), faz, ele mesmo, a pergunta que ele apresenta ao olhar de "tu" (v_2) e a ela responde (v_{13-14}). Do ponto de vista da gramática transfrástica, a primeira palavra do poema é um pronome catafórico ("ils" [eles]) que aguarda o inciso na cesura ("tes yeux" [teus olhos]) para ser referencialmente marcado com relação a um sujeito do qual eles são a sinédoque e que só terá identidade referencial na outra extremidade do soneto, na última palavra do último verso. O verbo "dire" [dizer] e esse sujeito de palavra não são semanticamente evidentes: o discurso mudo do olhar de sua amante é imaginado por um sujeito de enunciação qualificado, ele mesmo, por um inciso que não aclara verdadeiramente a referência de "bizarre amant" [amante incomum].

A sinédoque dos olhos (v_1) e a metáfora floral (v_{13}) subsequente que anunciam o sujeito feminino correspondem a um jogo poético que lembra o petrarquismo dos poetas da *Pléiade*. O desvelamento progressivo do nome da pessoa amada é apoiado por ligações de "clairs comme le cristal" [claros como o cristal] (v_1) com a palidez da flor (v_{12}) e a brancura da mulher (v_{14}). Entretanto, desde o primeiro hemistíquio do v_3, a exclamação injuntiva não é galante: "Sois charmante et tais-toi!" [Sê bela e cala-te]. A estrutura enunciativa desse texto explode em exclamações $(v_8$ e $v_{12})$, em atos de discurso diretivos $(v_3$ e $v_9)$, em questões $(v_2$ e $v_{13})$ mescladas à exclamação e ao vocativo v_{13-14}. Em meio a tudo isso, as asserções transbordam as fronteiras de estrofes (v_3 a v_7) ou se estendem em um verso e meio (v_{9-10}). Essa sintaxe emotiva está em consonância com a unidade semântica criada pela anteposição do adjetivo epíteto[8] "bizarre". Esse adjetivo, frequente em Baudelaire[9], permite qualificar o sujeito da enunciação como personagem clara, estranha e caprichosa, mas, sobretudo, irritadiça. Esse sentido de uso envelhecido é confirmado pela rima do verso seguinte: "mon coeur que tout irrite" [meu coração que tudo irrita]. Essa textura enunciativa e sintática muito esparsa apoia nossa análise da *difração* dos significantes. A sintaxe afetiva do último terceto faz-nos entrar em um universo particularmente perturbado e — apesar da "berceuse" [ama] protetora e maternal do v_6 — atravessado pela loucura e por um frio anunciador de morte. O v_{13} é enquadrado por um SN sintaticamente autônomo exclamativo do segundo hemistíquio do v_{12} [Ô + SN [Adj + N]] e um SN apóstrofo (vocativo) dobrado por uma interrogação que se estende sobre o conjunto do v_{14}. A estrutura complexa desse segundo SN, sintaticamente autônomo, mas semanticamente ligado pela simples vírgula e o ponto de interrogação no v_{13}, é a seguinte:

ô +	SN [déterminant 1	+	Adverbe intensif	+	Adjectif 1		Ø
ô +	MA	+	SI	+	BLANCHE		Ø
ô +	SN [déterminant 2	+	Adverbe intensif	+	Adjectif 2	+	Nom propre]
ô +	MA	+	SI	+	FROIDE	+	MARGUERITE
	(Determinante)	(Advérbio de intensidade)			(Adjetivo)		(Nome próprio)

Conforme a especificidade da enunciação poética, a apóstrofe desempenha um papel de identificação progressiva do alocutário construído pelo discurso do poema e que é ainda, até o "tu" do v_{13}, apenas um pronome alocutivo à espera de seu referente (Monte, 2005, p. 51). À identificação, que permite passar do pronome de segunda pessoa ao nome próprio, junta-se, devido aos três adjetivos epítetos antepostos, uma qualificação intensifi-

---

8. Sobre essa questão, ver Henning Nølke (2001, p. 165-233).

9. Em *Exposition universelle*, de 1855, Baudelaire resume sua estética do espanto em uma fórmula em itálico, certamente inspirada em Edgar A. Poe: "*Le beau est toujours bizarre*" [O belo é sempre incomum] (1962, p. 215).

cada pela exclamação do v_{12} e pelos dois "si" [tão] do v_{14}. A interpretação vocativa desencadeada por "ô" induz uma correferência entre o pronome "tu" do v_{13} e o pivô nominal do SN do v_{14} e, mais dificilmente, com aquele do v_{12} que a identidade de significante do nome comum e do nome próprio torna possível. Como M.-H. Prat destacou a respeito desse gênero de enumeração baudelairiana, "ô" funciona aqui como um elemento de transição entre a exclamativa simples do segundo hemistíquio do v_{12} e a apóstrofe do v_{14} (1989, p. 20). Tudo isso assume aqui um sentido pleno no intertexto convocado pela última palavra do poema que introduz a personagem que Goethe juntou à lenda do Fausto. Os dois adjetivos intensificados por "si" [tão] do v_{14} se unificam, devido a sua anteposição, com o nome próprio. Cada anteposição cria uma espécie de epíteto definitório da personagem. Esse fator de intertextualidade junta-se à outra anteposição da estrofe ("pâle marguerite" [pálida margarida]). O nome comum da flor é associado ao nome próprio no bloco formado pelo adjetivo epíteto anteposto e o substantivo.

A identificação referencial da Marguerite do "Soneto de outono" é debatida pelos comentadores. Se, para Claude Pichois, que a busca no mundo biográfico, "ignoramos quem é a 'froide Marguerite'" (Baudelaire, 1996, p. 301), quase todos os outros críticos pretendem, claro, a identificação com uma certa Marguerite Bellegarde, cujo nome aparece em um caderno íntimo de Baudelaire, mas eles, pelo menos, acedem, no sentido de uma referência literária à companheira do Fausto. Essa referência intertextual é destacada, desde 1942, por Jacques Crépet e Georges Blin. Vários comentadores fazem alusão não apenas ao *Fausto* de Goethe (1808) mas também a *La Comédie de la mort* [A comédia da morte], de Théophile Gautier. É necessário acrescentar o nome de Gérard de Nerval, que traduz o *Fausto*, de Goethe, em 1827 e revê sua tradução em 1835, 1840 e 1850, e as ilustrações de Delacroix para a tradução francesa de Frédéric-Albert Stapfer (1828). Não se deve, sobretudo, negligenciar o fato de que o *Fausto* de Gounod conhecia um imenso sucesso popular após ter sido apresentado pela primeira vez em Paris, no Théâtre-Lyrique, em março de 1859, ou seja, oito meses antes da primeira publicação do poema de Baudelaire. Além disso, no Salão de 1859 (VI parte), o mesmo ano da primeira publicação do "Soneto de outono", a respeito de dois desenhos de Chifflard – "Fausto no combate" e "Fausto no sabbat" —,

Baudelaire escreveu: "Aqui a Marguerite, longa, sinistra, inesquecível, está suspensa e se destaca como um remorso sobre o disco da lua, imensa e pálida" (Baudelaire, 1962, p. 1066). Como não pensar na rima "larme pâle" [lágrima pálida] do v_{12} de "Tristesse de la lune" [Tristeza da lua] [65] e na "pâle marguerite" do v_{12} de "Soneto de outono"? Em *Paradis artificiels* [Paraísos artificiais], na seção II de *Un mangeur d'opium* [Um comedor de ópio], publicada, em 1860, na *Revue contemporaine*, Baudelaire escreve a respeito de uma outra personagem: "Ela está revestida dessa graça inominável, dessa graça da fraqueza e da bondade, que Goethe sabia estender sobre todas as fêmeas de seu cérebro e que fez de sua pequena Marguerite de mãos vermelhas uma criatura imortal" (*Idem*, p. 402).

Além da simples alusão, nossa leitura intertextual está confirmada por todo o poema: um sintagma como "secret infernal" [segredo infernal] remete ao pacto de Fausto com Mefistófeles; "Amour... ténébreux, embusqué... son arc fatal" [Amor... tenebroso, emboscado... seu arco fatal] dos v_{9-10} aparece como uma alusão ao destino de Marguerite, arrastada por um amor funesto, condenada como assassina de sua própria mãe (morta pelos soníferos utilizados para permitir a Fausto encontrar-se com sua amante) e da criança fruto dessa ligação. Em Nerval, ela grita: "Eu matei minha mãe! Meu filho, eu o afoguei" (Goethe; Nerval, 2002, p. 278), o que lembra a "Marguerite de mãos vermelhas" de *Paradis artificiels* e, sobretudo, gera a terrível série ternária do v_{12} "Crime, horreur et folie" [Crime, horror e loucura], na qual o último substantivo faz alusão à loucura final de Marguerite na prisão. Em Goethe, é ela que diz: "Es fasst mich kalt bei'm Schopfe!" (v. 4567, 1977, p. 144), o que Nerval traduz como "Le froid me saisit à la nuque" [O frio me atinge na nuca] (*Idem*, p. 279) e o que transpõe as últimas palavras do soneto de Baudelaire reforçadas pelo intensivo diante do adjetivo anteposto: "ma si froide Marguerite" [minha tão fria Marguerite].

As remissões intertextuais são tão densas que mesmo a interrogação estranha "Pour toi, bizarre amant, quel est donc mon mérite?" [Para ti, amante incomum, qual é, pois, meu mérito?] ganha sentido no que Nerval faz Marguerite dizer quando da cena da "petite cabane du jardin" [pequena cabana do jardim] (à qual a "guérite" [guarita] do v_9 parece fazer alusão): "um homem como este pensa tudo e sabe tudo. Tenho vergonha diante dele, e digo *sim* a todas as suas palavras. E sou apenas uma pobre criança ignorante, e não compreendo o que ele pode encontrar em mim" (Goethe; Nerval, 2002, p. 216)[10]. Pode-se reler o primeiro hemistíquio "Ils me disent tes yeux..." [Eles me dizem, teus olhos...] à luz de uma réplica de Fausto que explicita essa eloquência do olhar de Marguerite: "Um olhar teu, uma única palavra me diz mais que toda a sabedoria do mundo" (*Idem*, 2002, p. 207)[11]. À época da escrita de "Soneto de outono" e de sua inserção em *As flores do mal*, Baudelaire é tão familiar da "negra lenda com a chama escrita" que se fica tentado a ver, na escolha das duas rimas únicas do poema, a síntese da postulação satânica para o MAL oposta à postulação ideal angélica que simboliza a personagem de MargueRITE, mas um ideal que é contaminado pelo mal a ponto de acabar na loucura, no horror e no crime. Todo "Spleen e ideal" mantém-se nessas duas orientações. De acordo com James Lawler, "a estrutura do livro acusa a face dupla das coisas" (Lawler, 2002, p. 37), mas, na outra ponta da cadeia e no centro da coletânea, o detalhe das rimas do mais espantoso soneto da coletânea põe em evidência a lei dos contrastes que faz funcionar paralelamente o angélico e o diabólico. "Soneto de outono" está saturado pela presença do intertexto da "negra lenda", fônica e lexicalmente. Essa saturação é tal que transborda sobre os poemas precedentes e subsequentes.

5.3 A intertextualidade difractada do *Fausto*, de Goethe, traduzido por Nerval

5.3.1 Incidências sobre o cotexto anterior

Último poema da primeira metade numérica da coletânea de *As flores do mal*, o soneto [63] oferece, devido à disponibilidade referencial do pronome "je" [eu], um referente cotextual possível à identidade do "amante incomum" de "Soneto de outono":

---

10. Corresponde aos versos 3211-3216 de Goethe (1977, p. 103).
11. Corresponde ao verso 3079 (1977, p. 98).

Le Revenant [63]

Comme les anges à l'oeil fauve,
Je reviendrai dans ton alcôve
Et vers toi glisserai sans bruit
Avec les ombres de la nuit;

Et je te donnerai, ma brune,
Des baisers froids comme la lune
Et des caresses de serpent
Autour d'une fosse rampant.

Quand viendra le matin livide,
Tu trouveras ma place vide,
Où jusqu'au soir il fera froid.

Comme d'autres par la tendresse,
Sur ta vie et sur ta jeunesse,
Moi, je veux régner par l'effroi.

TRADUÇÃO LITERAL

Aquele que retorna

Como os anjos de olho fouveiro
Retornarei a tua alcova
E para ti deslizarei sem um som
Com as sombras da noite;

Eu te darei, minha bruna,
Beijos frios como a lua
E afagos de serpente
Em torno de uma fossa rastejando.

Quando vier a manhã lívida,
Encontrarás meu lugar vazio,
Onde até entardecer fará frio.

Como outros pelo carinho,
Sobre tua vida e tua juventude,
Eu quero reinar pelo pavor.

Esse que retorna é comparado aos "anjos de olho fouveiro", e seus carinhos designados como "afagos de serpente", lexemas que lhe conferem características satânicas. Ele desliza na alcova de sua amante à maneira de Fausto, seduzindo a inocente Marguerite com a cumplicidade de Mefistófeles. O estabelecimento da relação cotextual desses dois poemas no centro da coletânea de 1861 torna possível uma leitura retrospectiva a partir de "Soneto de outono" e de sua "Marguerite". Na memória cotextual da coletânea, o sintagma "amante incomum" nos remete a colocações que se organizam em sistema. O soneto [26], "Sed non satiata", começa pela mesma anteposição do adjetivo epíteto e prossegue por uma alusão muito direta ao Fausto:

> Bizarre déité, brune comme les nuits,
> Au parfum mélangé de musc et de havane,
> Œuvre de quelque obi, le Faust de la savane,
> Sorcière au flanc d'ébène, enfant des noirs minuits,

TRADUÇÃO LITERAL:

Incomum deidade, bruna como as noites,
De perfume que amalgama musgo e havana,
Obra de algum obi, o Fausto da savana,
Feiticeira do flanco de ébano, filha das negras meias-noites

O inciso explicativo do lexema opaco "obi" permite compreender que esse feiticeiro negro é uma espécie de Fausto africano. Essa equivalência faz da "feiticeira do flanco de ébano" de [26] o inverso demoníaco ("démon sans pitié" [demônio sem piedade] v_{10}), infernal ("l'enfer de ton lit" [o inferno de teu leito] v_{14}) e o negro da pálida, branca e fria Marguerite. Os "deux grands yeux noirs" [dois grandes olhos negros] do v_9 invertem os "yeux clairs" [olhos claros] de Marguerite:

> Par ces deux grans yeux noirs, soupiraux de ton âme,
> Ô démon sans pitié! verse-moi moins de flamme;

TRADUÇÃO LITERAL:

Por esses dois grandes olhos negros, respiradouros de tua alma,
Ó demônio sem piedade! derrama menos chama sobre mim;

A "bruna" (v_5) e a "ombre de la nuit" [sombra da noite] (v_4) do "Revenant" lembram o "bruna como as noites" do v_1 de [26]. Lembremos que o sintagma "ma brune" [minha bruna] rima com "comme la lune" [como a lua] em "Le Revenant" e em "Chanson d'après-midi" [Canção da tarde] [58]. A rede de colocações com "Tristesses de la lune" [Tristezas da lua], onde "la lune rêve [...] ainsi qu'une beauté" [a lua sonha (...) assim como uma beldade] é particularmente denso (reversão da comparação e da substituição de "beauté" no sintagma cristalizado "ma brune"). Uma rede isotrópica (Viprey, 2006) manifesta associa, pela "lune", "ma brune" (amante) a "la brune" (a noite). Isso diz a densidade das redes de vocábulos que semantizam cotextual e intertextualmente os enunciados mais misteriosos. Surpreendemo-nos em ver os comentadores girarem em torno do amante que retorna da peça [63], fazendo dele uma espécie de fantasma e se esquecendo de relacioná-lo com o poema seguinte e com o soneto [26].

5.3.2 Incidências sobre o cotexto posterior

A associação dos gatos com a lenda faustiana não tem fundamentos na intriga de Goethe, mas provém de um erro de tradução de Nerval. O episódio da "Cuisine de sorcière" [Cozinha de feiticeira] ("Hexenküche", de Goethe) traz à cena uma *guenon*[12] ("eine Meerkatze"), que se ocupa do caldeirão da feiticeira, esperando que ela retorne com seu macho ("der Meerkater") e seus filhotes (Goethe; Nerval, 1977, p. 75). Quando o macho se aproxima de Mefistófeles para festejá-lo, Nerval traduz a didascália de orientação proposta por Goethe, "Der Kater" (Idem, p. 77), que remete, entretanto, sem equívoco ao "Merkater", por "Le chat" [O gato], em vez de "Le singe" [O macaco]. Fazendo do gato um companheiro da feiticeira amiga de Mefistófeles, Nerval lhe confere um sentido diferente, mas que se organiza em um sistema no grupo de poemas que Baudelaire reúne em 1861.

---

12. *Cercopithecus cephus*: símio do tamanho de um gato, originário da África Ocidental. [N.T.]

Les Chats [66]

Les amoureux fervents et les savants austères
Aiment également, dans leur mûre saison,
Les chats puissants et doux, orgueil de la maison,
Qui comme eux sont frileux et comme eux sédentaires.

Amis de la science et de la volupté,
Ils cherchent le silence et l'horreur des ténèbres;
L'Erèbe les eût pris pour.ses coursiers funèbres,
S'ils pouvaient au servage incliner leur fierté.

Ils prennent en songeant les nobles attitudes
Des grands sphinx allongés au fond des solitudes,
Qui semblent s'endormir dans un rêve sans fin;

Leurs reins féconds sont pleins d'étincelles magiques,
Et des parcelles d'or, ainsi qu'un sable fin,
Étoilent vaguement leurs prunelles mystiques.

TRADUÇÃO LITERAL:

Os gatos

Os amantes fervorosos e os sábios austeros
Amam igualmente, na sua estação madura,
Os gatos poderosos e doces, orgulho da casa,
Que como eles são friorentos e como eles sedentários.

Amigos da ciência e da volúpia,
Eles buscam o silêncio e o horror das trevas;
O Érebo os teria tomado por seus batedores fúnebres,
Se eles pudessem à servidão inclinar seu orgulho.

Eles assumem, sonhando, as nobres atitudes
Das grandes esfinges alongadas no fundo das solidões,
Que parecem dormir em um sonho sem fim;

Seus rins fecundos estão cheios de fagulhas mágicas,
E fragmentos de ouro, assim como uma areia fina,
Estrelam vagamente suas pupilas místicas.

Em um estudo antigo, retomado em Delcroix e Geerts (1980), J.-M. Adam tinha proposto uma leitura anagramática do primeiro verso de "Gatos"[13], que se pode ancorar atualmente nos efeitos cotextuais e intertextuais. A leitura do primeiro verso, no cotexto de 1861, não se pode fazer sem a lembrança do v_8 do "Soneto de outono" e de sua alusão à "paixão" e ao "espírito". Esse eco encontra-se na associação do v_5: "Amigos da ciência e da volúpia". Uma atenção à sistemática dos paralelismos ou emparelhamentos binários da primeira estrofe faz aparecer a disseminação anagramática do nome do fatal amante de Marguerite: "Les amoureux Fervents et les savants AUSTères". Essa extração é facilitada pelo ambiente fônico dos dois adjetivos epítetos pospostos e, portanto, duplamente focalizados: por sua posição métrica no fim do hemistíquio e por sua posposição sintática. Ora sua matéria fônica é retomada no adjetivo *fERvants > austERES*, ora ela se encontra no primeiro adjetivo e no fim do segundo substantivo, *ferVANTS > saVANTS austères*. Notemos, na passagem, que a matéria fônica do primeiro substantivo (aM(OU)REUX) é retomada com frágeis variações em M(U)RE. Resulta desses emparelhamentos um resíduo que atualiza o nome próprio do par de Marguerite: F(ervants)-AUST(ères).

"Canto de outono" [56] prepara a rima "ténèbre-funèbres" de "Os gatos", que se associa, aliás, à matéria fônica de "L'Érèbe" [O Érebo] do v_7, divindade noturna nascida do Caos, que tem no Hades (reino dos mortos) e no Tártaro (prisão dos Titãs) seu domínio de predileção. Assim, resistindo a esse Érebo infernal, os gatos não celebram pactos demoníacos com ele e aparecem como o contrário de Fausto. Logrando êxito na síntese "da ciência e da volúpia", eles se diferenciam desse Fausto que a tradução de Nerval faz dizer: "O fio de meu pensamento rompeu-se, e estou desgostoso de toda ciência. É preciso que no abismo da sensualidade minhas paixões ardentes se apaziguem" (2002, p. 136). A natureza mágica conferida aos gatos (rima v_{12}) duplica-se com a transmutação metafórica da areia em "fragmentos de ouro" (v_{13}), à maneira da alquimia.

Baudelaire não põe por acaso "Les Hiboux" [As corujas] logo após "Os gatos", pois a coruja está presente no texto de Goethe e na tradução de Nerval:

---

13. Adam (1979, p. 84-85; 1985, p. 104-110). Para uma apresentação e uma discussão dessa análise, ver Daniel Delas (1993, p. 104-107).

Les Hiboux [67]

Sous les ifs noirs qui les abritent,
Les hiboux se tiennent rangés,
Ainsi que des dieux étrangers,
Dardant leur oeil rouge. Ils méditent.

Sans remuer ils se tiendront
Jusqu'à l'heure mélancolique
Où, poussant le soleil oblique,
Les ténèbres s'établiront.

Leur attitude au sage enseigne
Qu'il faut en ce monde qu'il craigne
Le tumulte et le mouvement;

L'homme ivre d'une ombre qui passe
Porte toujours le châtiment
D'avoir voulu changer de place.

TRADUÇÃO LITERAL:

As corujas

Sob os teixos negros que as abrigam,
As corujas se mantêm enfileiradas,
Assim como deuses estrangeiros,
Dardejando seu olhar vermelho. Elas meditam.

Sem se mexer, elas permanecerão
Até a hora melancólica
Em que, afastando o sol oblíquo,
As trevas se estabelecerão.

Sua atitude ao sábio ensina
Que é preciso nesse mundo que ele tema
O tumulto e o movimento;

O homem ébrio de uma sombra que passa
Traz sempre o castigo
De ter desejado mudar de lugar.

A comparação de Fausto com a coruja vem da seção "Forêt et cavernes" [Floresta e cavernas] ("Wald und Höhle", de Goethe) e de uma fala de Mefistófeles: "O que tens para entocar-te como uma coruja nas cavernas e nas fendas dos rochedos? [...] O doutor manter-te-á sempre no corpo" (Goethe; Nerval, 2002, p. 218). Essa réplica segue um monólogo de Fausto: "E depois, a meus olhos, a lua pura se eleva docemente para o céu, e ao longo dos rochedos quero errar, sobre os tufos úmidos, as sombras prateadas [pâles / pálidas, var. 1850] do tempo passado, que vêm adoçar a austera volúpia da meditação" (idem, p. 217). A "austera volúpia" anuncia o primeiro verso de "Os gatos" e a presença da lua deve ser posta em relação com "Tristeza da lua". A relação entre a meditação e a comparação com a coruja pesa, sobretudo, sobre a frase isolada no final do v_4: "Elas meditam". As colocações cotextuais entre os sonetos [66] e [67] são múltiplas: as "ténèbres" na rima do v_6 passam ao início de v_8, a "attitude" dos gatos na rima do v_9 está presente também no v_9 de "As corujas". A imobilidade desses "deuses estrangeiros" lembra a das "grandes esfinges" de "Os gatos".

O epíteto modificado por Nerval em 1850, "as sombras pálidas do tempo passado", está no centro de uma rede de colocações que vai de "Ô pâle marguerite" [Ó pálida margarida] (rima v_{12} de [64]) à qual se poderia juntar a modificação de 1861, em que o início do v_{14} "Ô ma si pâle" (1859) mudou para "Ô ma si blanche" (1861). Encontramo-lo, também, na rima do v_{12} de [65], "cette larme pâle"; na rima do v_2 de [69], "ma pâle étoile", e, na rima do v_1 de [73], "pâles Danaïdes". A noite e as trevas, o frio e a morte propagam-se de texto em texto, tornando coerente o encadeamento final de "Sépulture" [Sepultura] [70], "Une gravure fantastique" [Uma gravura fantástica] [71], "Le mort joyeux" [O morto feliz] [72] e "Le Tonneau de la haine" [O barril do ódio] [73].

A retomada intertextual, por Baudelaire, da lenda faustiana faz explodir a trama narrativa. Essa explosão é comparável à maneira pela qual o nome próprio conector de intertexto está difratado na cadeia significante de "Soneto de outono" ou no primeiro verso de "Os gatos". A matéria da história de Fausto e Marguerite eclode nesses dois poemas e no cotexto das peças do seu entorno. Pode-se ver, nessa transformação, uma passagem do sequencial episódico da narração legendária à evocação poética. Em sua deslocação, a narrativa da lenda está abstratamente evocada, segundo uma modalidade evidenciada por Benveniste nas suas notas sobre a linguagem poética: "Para o poeta, o signo é tomado como *significante*, mas ele é, ao mesmo tempo, tomado como *evocante*" (Dessons, 2006, p. 194). A história de Goethe não é contada por Baudelaire, mas explorada nas redes de lexemas associados que atravessam um grupo de poemas cuja homogeneidade assim se desenha. Essa leitura poderia ser estendida à "secreta arquitetura" da segunda parte da coletânea? A dupla postulação frequentemente comentada de *As flores do mal* entre postulação para o ideal, o infinito e Deus e postulação satânica — adiantada no prólogo "Ao leitor" ($v_{11\text{-}16}$), "La Destruction" [A destruição] [109] ou "Les Litanies de Satan" [As litanias de Satã] [120] — encontra sua expressão no intertexto do *Fausto* de Goethe e permite-nos pensar que a enquete ganharia em ser prosseguida, em ligação com as questões de estruturas da coletânea que abordamos.

Capítulo 6

Ler-traduzir um texto de Franz Kafka: Genericidade, cotextualidade, intertextualidade* | **

A tradução tem a tendência, quando se torna "tradutologia", de se autonomizar e se separar das ciências e disciplinas do texto, ao passo que, como diz Henri Meschonnic, "Traduzir não pode deixar de implicar uma teoria do discurso" (Meschonnic, 1999, p. 319). Sendo o fruto da colaboração entre uma estudiosa da literatura comparada, germanófona e voltada para a antiguidade, e um linguista francófono, especialista em análise textual, este último capítulo reafirma o princípio da complementaridade das disciplinas do texto. Sem um trabalho genético e filológico, sem uma atenção para os aspectos da textualidade, da cotextualidade e da genericidade, abordados nos capítulos precedentes, a tradução é impossível. Como diz Marthe Robert, "À força de procurar o que Kafka *quer dizer*, mas *não diz*, tornamo-nos cegos para as palavras que ele escreve em preto no branco" (Robert, 1977, p. 11-12). A abordagem filosófico-hermenêutica afeta o "texto-Kafka" (Meschonnic, 1999, p. 322) com um grave déficit filológico destacado por Hartmut Binder (1975) e por Ulrich Stadler (1998). O mesmo

---

* Traduzido por Márcio Venício Barbosa.

** Uma primeira versão deste capítulo, largamente retrabalhada e completada após cursos e conferências realizados pela autora em Pávia e Bruxelas, foi publicada em *Poétiques comparées des mythes* [Poéticas comparadas dos mitos], volume em homenagem a Claude Calame, editado por Ute Heidmann, sob o título "Du récit au rocher: Prométhée d'après Kafka" [Da narrativa ao rochedo: Prometeu segundo Kafka] (Lausanne, Payot, 2003a, p. 187-212).

déficit filológico observa-se nas traduções. No espírito do que Marthe Robert definia como uma exigência de respeito e de rigor, procedemos ao trabalho de tradução em várias etapas: uma etapa filológica, uma comparação crítica das traduções francesas e uma contraposição em forma de tradução de trabalho originada de uma análise textual, cotextual e intertextual. O texto que escolhemos estudar tem, para nós, uma densidade econômica e formal da qual a análise e a tradução devem dar conta prioritariamente. Mas, por sermos atentos ao ritmo da prosa de Kafka, encontramo-nos imediatamente confrontados a um duplo obstáculo.

O primeiro obstáculo é o fato de a edição dos textos de trabalho de Kafka ter sido publicada postumamente, em 1931, por Max Brod, sob o título de *Beim Bau der Chinesischen Mauer*. O amigo e executor testamental de Kafka tomou liberdades que chegam até a modificar a ordem das frases do texto original. Ora, essa edição permanece a edição de referência dos tradutores. Tirando um fragmento de um caderno de trabalho e dando-lhe o título de "Prometeu", Brod inscreve o fragmento em um novo cotexto e em um outro gênero: a narrativa de tema mitológico. O título acrescido põe a figura mitológica em destaque, em detrimento dos avanços metadiscursivos desse texto. O segundo obstáculo, em francês, atém-se ao fato de as traduções de Alexandre Vialatte, que datam de 1948, terem permanecido por muito tempo intocáveis[1]. Henri Meschonnic (1999, p. 322), que dedica um longo capítulo de *Poétique du traduire* [Poética da tradução] aos textos de Kafka, deplorava a "vialattização" de seus textos, que torna inacessível o que ele chama de "poema-Kafka".

6.1 A etapa filológica do estabelecimento do texto

A atenção à genética autorial e editorial dos textos é um antídoto às ideologias da imanência e do fechamento do texto. Para essa etapa filológica de estabelecimento do texto, levamos em conta a muito útil edição

---

1. Ver, a propósito, a nota de C. David no volume 2 das *Œuvres completes*, de Kafka, na coleção *La Pléiade* (1980, p. 806-807).

crítica estabelecida por Jost Schillemeit (Kafka, 1992), assim como os excelentes comentários de Ulrich Stadler (1998), que chama nossa atenção para a manipulação do texto original por Brod. Além disso, os artigos, entre outros, de Karlheinz Stierle (1971) e de Roman Karst (1985) vieram confirmar a importância desse curto texto na tradição crítica alemã. O texto publicado por Max Brod em 1931 apresenta-se assim:

PROMETHEUS

Von Prometheus berichten vier Sagen:

Nach der ersten wurde er, weil er die Götter an die Menschen verraten hatte, am Kaukasus festgeschmiedet, und die Götter schickten Adler, die von seiner immer wachsenden Leber frassen.

Nach der zweiten drückte sich Prometheus im Schmerz vor den zuhackenden Schnäbeln immer tiefer in den Felsen, bis er mit ihm eins wurde.

Nach der dritten wurde in den Jahrtausenden sein Verrat vergessen, die Götter vergassen, die Adler, er selbst.

Nach der vierten wurde man des grundlos Gewordenen müde. Die Götter wurden müde, die Adler wurden müde, die Wunde schloss sich müde.

Blieb das unerklärliche Felsgebirge. — Die Sage versucht das Unerklärliche zu erklären. Da sie aus einem Wahrheitsgrund kommt, muss sie wieder im Unerklärlichen enden.[2]

O texto original encontra-se em um caderno in-oitavo de trabalho que cobre o período 1917-1918, dito "Caderno G", na data de 17 (talvez de 16) de janeiro de 1918, no bojo de um cotexto do qual falaremos adiante. Constatamos que esse texto difere daquele de Brod: as duas frases finais, que Brod introduz por um travessão, formam, de fato, a frase inicial que, posta em relação com o fim do texto, desenha um quadro. Designaremos, a partir daqui, esse texto pela fórmula "texto original", e é sobre esse estado de origem que estabeleceremos nossa tradução.

Die Sage versucht das Unerklärliche zu erklären; da sie aus einem Wahrheitsgrund kommt, muss sie wieder im Unerklärlichen enden.

---

2. Kafka, 1948 (1931), p. 39.

Von Prometheus berichten vier Sagen. Nach der ersten wurde er weil er die Götter an die Menschen verraten hatte am Kaukasus festgeschmiedet und die Götter schickten Adler, die von seiner immer nachwachsenden Leber frassen.

Nach der zweiten drückte sich Pr[ometheus][3] im Schmerz vor den zuhackenden Schnäbeln immer tiefer in den Felsen bis er mit ihm eins wurde.

Nach der dritten wurde in den Jahrtausenden sein Verrat vergessen, die Götter vergassen, die Adler, er selbst.

Nach der vierten wurde man des grundlos Gewordenen müde. Die Götter wurden müde, die Adler. Die Wunde schloss sich müde.

Blieb das unerklärliche Felsgebirge.[4]

A "intervenção destruidora" (Stadler, 1998, p. 278) de Brod foi seguida cegamente pelos tradutores, mesmo os mais recentes. Brod e Vialatte não prestam atenção suficiente à letra, ao ritmo do texto e à sua construção. Mesmo Marthe Robert, que prega, aliás, uma atenção ao que Kafka escreve, faz, finalmente, o mesmo em suas traduções[5]. A transformação maior consiste em produzir um enquadramento do bloco narrativo nos tempos do passado (*Präteritum* em alemão e o par *imparfait-passé composé* em francês [imperfeito-pretérito perfeito, em português]) pelo primeiro parágrafo e pelo fim do último parágrafo, nos quais se utiliza o presente. Isso produz um efeito de narrativa incrustada num comentário que corresponde à visão canônica da narratividade. O texto original não está composto assim. Ele termina com um imperfeito que deixa suspenso todo o comentário final de tipo avaliação ou moral da narrativa. Essa modificação é, consequentemente, acompanhada de uma outra transformação do texto original. O isolamento da frase inicial em parágrafo introdutório é reforçado pelo acréscimo de dois pontos e de um recuo (*"Von Prometheus berichten vier Sagen {:}"*, no lugar do ponto e do encadeamento de frases no bojo do segundo parágrafo do texto original: *"Von Prometheus berichten*

---

3. No manuscrito do *Cahier G* [Caderno G], Kafka escreve apenas "Pr.".

4. Kafka, 1992, p. 69-60, e no *Apparatband* de Jost Schillemeit, p. 164.

5. "Não é, sem dúvida, trair Kafka o fato de procurar compreendê-lo onde ele pede francamente para sê-lo: no 'como' dessa ascese cujo 'porquê' não nos foi dado. O 'como', com efeito, nos é diretamente acessível, é a escrita que distingue essencialmente a narrativa de Kafka daquilo a que estamos tentados a compará-lo" (Robert, 1960, p. 51).

vier Sagen {.}"). Essa outra modificação tem consequências genéricas: ela põe o gênero fábula em evidência, privilegiando um enquadramento da narrativa pelo comentário, às expensas do enquadramento de tipo poético do texto original, no qual o início aparece como um eco do final devido à retomada da palavra *"unerklärlich"* (*inexplicável*). Essa manipulação modifica profundamente a poética do texto de Kafka, que está mais para a fragmentação aforística da escrita filosófica e do poema em prosa do que para a fábula narrativa, como veremos melhor adiante, explorando a intertextualidade desse texto de Kafka.

Kafka havia escrito: *"Die Sage versucht das Unerklärliche zu erklären {; da} sie aus einem Wahrheitsgrund kommt, muss sie wieder im Unerklärlichen enden"*; Brod transcreve: *"{—} Die Sage versucht das Unerklärliche zu erklären {. Da} sie aus einem Wahrheitsgrund kommt, muss sie wieder im Unerklärlichen enden"*. A sentença final é cortada por Brod em duas frases, enquanto que o texto original utiliza o corte mais fraco do ponto e vírgula entre os dois enunciados. Isso faz deles dois membros de uma única frase periódica e, portanto, uma unidade forte de sentido que estudaremos como tal adiante.

Para prolongar essas observações de pontuação, notemos que Brod acrescenta vírgulas onde Kafka não as havia colocado:

Nach der ersten wurde er {,} weil er die Götter an die Menschen verraten hatte {,} am Kaukasus festgeschmiedet {,} und die Götter schickten Adler, die von seiner immer wachsenden Leber frassen.

Nach der zweiten drückte sich Pr[ometheus] im Schmerz vor den zuhackenden Schnäbeln immer tiefer in den Felsen {,} bis er mit ihm eins wurde.

Brod tem, visivelmente, como objetivo o reestabelecimento normativo da vírgula que a língua alemã coloca em posição sintática forte, enquanto Kafka apaga precisamente esses destaques da estrutura sintática. Essas correções editoriais do texto de Kafka são muito escolares. Todos os alunos alemães viram-se, um dia, a corrigir seu esquecimento da vírgula antes de *und* seguido de uma frase ou de uma conjunção introdutora de subordinada! Esse comportamento de professor primário prova que Brod não percebeu, de forma alguma, a importância da ausência de pontuação sobre o ritmo. Essa ausência de pontuação contrasta com o ritmo cortado e elíptico do final do texto, no qual a pontuação desempenha novamente seu papel, menos sintático que rítmico. Esse é um aspecto essencial da genericidade complexa desse texto.

No final do segundo parágrafo, onde o texto original é claramente "*die von seiner immer* nachwachsenden *Leber frassen*", em que Kafka assinala, dessa forma, o fígado que *renascia* sem cessar, Brod suprime o prefixo *nach-* (re-) e atenua, assim, a insistência sobre a devoração repetida "*die von seiner immer* wachsenden *Leber frassen*" (*que* nascia *sempre*).

Mais supreendente ainda, ao final da quarta narrativa, Brod acrescenta um sintagma verbal que modifica, ao extremo, o caráter muito elíptico e simplificado do texto original e da escrita de Kafka: "*Die Götter wurden müde, die Adler. Die Wunde schloss sich müde*" (*Les Dieux se sont lassés, les aigles. La blessure s'est fermée, lassée* [Os deuses se cansaram, as águias. O ferimento se fechou, cansado]). Brod escreve: "*Die Götter wurden müde, die Adler wurden müde, die Wunde schloss sich müde*" (ou seja, um desdobramento de *se sont lassés* [se cansaram] e a recusa do ponto que distingue duas frases). Essas modificações revelam a teoria da língua e do texto de Brod que julga, provavelmente, que Kafka está muito elíptico e escreve mal. Ele quer tornar essa passagem mais explícita e mais adequada a uma norma. Estamos, entretanto, muito precisamente, diante de um exemplo da língua de Kafka. O texto original comporta numerosas frases elípticas e uma economia pouco acadêmica. Ele se enquadra em uma concepção de escrita que integra uma oralidade que faz do ritmo um componente importante de sua escrita. A última "narrativa" (*der vierten*) difere formalmente das três outras, que são constituídas de uma única frase-parágrafo. Não há, portanto, razão alguma para modificar seu ritmo por um acréscimo e uma desfragmentação tipográfica.

6.2 Traduzir o "texto-Kafka"

Alexandre Vialatte, cujas traduções tiveram o grande mérito de tornar Kafka conhecido na França, propõe, em 1948, a seguinte tradução do texto editado por Brod:

Promethee[6]

Quatre légendes parlent de Prométhée:

Selon la première, ayant trahi les dieux en livrant leur secret aux hommes, il fut enchaîné sur le Caucase et les dieux envoyèrent des aigles qui devaient lui ronger le foie, mais ce foie renaissait toujours.

D'après la seconde, Prométhée, dans les convulsions de douleur que lui causaient ces bêtes qui le rongeaient sans cesse, s'enfonça si profondément dans le roc qu'il ne fit plus qu'un avec lui.

D'après la troisième, sa trahison fut oubliée au cours des siècles: les dieux l'oublièrent, les aigles, et lui-même oublia aussi.

D'après la quatrième, on se fatigua enfin d'un supplice devenu sans cause. Les dieux se lassèrent, les aigles se lassèrent, la blessure se ferma, lassée.

Restait l'inexplicable rocher. La légende essaie d'expliquer l'inexplicable. Comme elle vient d'un fond de vérité, elle retourne nécessairement en fin de compte à l'inexplicable.

Prometeu

Quatro lendas falam de Prometeu:

Segundo a primeira, tendo traído os deuses entregando seu segredo aos homens, ele foi acorrentado no Cáucaso e os deuses enviaram águias que deviam roer-lhe o fígado, mas esse fígado renascia sempre.

De acordo com a segunda, Prometeu, nas convulsões de dor que lhe causavam esses animais que o roíam sem cessar, afundou-se tão profundamente na rocha que fez apenas um com ela.

De acordo com a terceira, sua traição foi esquecida ao longo dos séculos: os deuses o esqueceram, as águias, e ele mesmo esqueceu também.

De acordo com a quarta, cansaram-se enfim de um suplício tornado sem causa. Os deuses se cansaram, as águias se cansaram, a ferida se fechou, cansada.

Restava o inexplicável rochedo. A lenda tenta explicar o inexplicável. Como ela vem de um fundo de verdade, ela retorna necessariamente no fim das contas ao inexplicável.

---

6. Kafka, 1950, p. 133-134.

Ainda que parta do texto de Brod, Vialatte toma a liberdade de suprimir o travessão do último parágrafo sem assinalar o traço da operação de transformação do texto original. Assim escrito, o parágrafo final aparece como o encadeamento de uma situação final de narrativa (no imperfeito) e de uma moral-conclusão. Com seu título acrescido e sua primeira frase destacada em parágrafo inicial, o texto pode ser reunido a um grupo de textos, os quais Jean Carrive qualifica como "esboços mitológicos" com "[Le Silence des Sirènes]"[7] [O silêncio das sereias] e "[Poseidon]". Sem títulos nos *Cadernos*, esses curtos textos têm, de fato, o mesmo estatuto que os fragmentos breves, as notações e os aforismos dos *Cadernos* e do *Diário*.

As traduções mais recentes de Marthe Robert ou de Claude David corrigem pontualmente o que somos tentados a qualificar como erros de tradução de Vialatte, mas elas não retornam ao texto original. Para citar apenas um exemplo, Marthe Robert tem razão ao corrigir o "si... que" [tão... que] de Vialatte: "s'enfonça *si* profondément dans le roc *qu*'il ne fit plus qu'un avec lui" [afundou-se *tão* profundamente na rocha *que* fazia apenas um com ela]. Essa consecutiva intensiva introduz uma causalidade no que é menos causal que temporal. "*Drückte sich [...] immer tiefer in den Felsen, bis er mit ihm eins wurde*" é melhor traduzido por Marthe Robert: "s'enfonça de plus en plus profondement à l'intérieur du rocher jusqu'à ne plus faire qu'un avec lui" [Afundou-se mais e mais profundamente no interior do rochedo até fazer uma unidade com ele].

[PROMETHEE][8]

Quatre légendes nous rapportent l'histoire de Prométhée: selon la première, il fut enchaîné sur le Caucase parce qu'il avait trahi les dieux pour les hommes, et les dieux lui envoyèrent des aigles, qui dévorèrent son foie toujours renaissant.

Selon la deuxième, Prométhée, fuyant dans sa douleur les becs qui le déchiquetaient, s'enfonça de plus en plus profondément à l'intérieur du rocher jusqu'à ne plus faire qu'un avec lui.

---

7. Com esses colchetes, assinalamos, como o editor de *La Pléiade*, o fato de que esses títulos não são do próprio Kafka.

8. Kafka, 1980, p. 544-545.

Selon la troisième, sa trahison fut oubliée au cours des millénaires, les dieux oublièrent, les aigles, et lui-même, oublièrent.

Selon la quatrième, on se fatigua de ce qui avait perdu sa raison d'être, les dieux se fatiguèrent, les aigles se fatiguèrent et fatiguée, la plaie se ferma.

Restait l'inexplicable roc. — La légende tente d'expliquer l'inexplicable. Comme elle naît d'un fond de vérité, il lui faut bien retourner à l'inexplicable.

[PROMETEU]

Quatro lendas nos reportam a história de Prometeu: segundo a primeira, ele foi acorrentado sobre o Cáucaso porque ele havia traído os deuses pelos homens, e os deuses lhe enviaram águias, que devoraram seu fígado sempre renascido.

Segundo a segunda, Prometeu, fugindo em sua dor dos bicos que o dilaceravam, afundou-se mais e mais profundamente no interior do rochedo até fazer apenas um com ele.

Segundo a terceira, sua traição foi esquecida no curso dos milênios, os deuses esqueceram, as águias, e ele mesmo, esqueceram.

Segundo a quarta, cansaram-se daquilo que havia perdido sua razão de ser, os deuses se cansaram, as águias se cansaram e cansada, a chaga se fechou.

Restava a inexplicável rocha. — A lenda tenta explicar o inexplicável. Como ela nasce de um fundo de verdade, é-lhe necessário retornar ao inexplicável.

Marthe Robert corrige, justificadamente, o "au cours des siècles" [no curso dos séculos] de Vialatte por "au cour de millénaires" [no curso dos milênios], verdadeiro sentido de *"in den Jahrtausenden"*. Diferentemente de Vialatte, ela conserva o travessão do último parágrafo introduzido por Brod. Como faz o texto original, ela reúne em uma só unidade tipográfica os dois primeiros parágrafos de Brod. Mesmo pregando, aliás, uma exigente atenção à escrita de Kafka, Marthe Robert introduz novas imprecisões. Por exemplo, ela escolhe traduzir *"berichten"* por "nous rapportent l'histoire" [nos reportam a história], enquanto que o mais neutro verbo "parler" [falar] de Vialatte é mais próximo do fato de Kafka não ter escolhido *"erzählen"* (*narrer* [narrar]), que teria claramente acentuado a realização de uma narração (*"Erzählung"*). O enfraquecimento da narratividade que caracteriza o texto de Kafka atém-se a esse tipo de detalhe: *"berichten"* acentua mais o fato de simplesmente "rapporter" [reportar] que de "raconter" [contar] uma "histoire" [história]. Como veremos adiante, as *"Sagen" falam* simplesmente de Prometeu; elas reportam o que se diz a respeito de certos acontecimentos, mais que se propõem a contar uma "história". Traduzindo *Sage* meio rapidamente por "lenda", perdemos a referência à Antiguidade grega, claro, compensada pela presença do nome próprio.

A tradução de Marthe Robert apresenta a vantagem, com relação à de Vialatte, de optar por um mesmo marcador de ponto de vista (delimitador): "selon" [segundo, de acordo com]. Se ela respeita melhor, dessa forma, a ritmicidade repetitiva do texto de Kafka, ela dá, em revanche, não tão bem o sentido exato de "nach" — que acumula o sentido de "selon" e a conotação temporal "après et selon" [após e segundo/de acordo com]. Vialatte opta, por sua vez, majoritariamente por "d'après" [para/de acordo com]. Entretanto, provavelmente para atenuar a repetição, ele introduz um "selon" ao lado de três "d'après".

Os dois tradutores franceses "acorrentam" Prometeu a seu rochedo, ao passo que Kafka o soldou: *"festgeschmiedet"*. Essa tradução é o traço intertextual dos "Prometeu acorrentado" da tradição literária. A pregnância memorial desses intertextos não permite mais ler a letra do texto. Kafka produz, entretanto, um efeito de sentido importante através desse verbo que solda Prometeu no Cáucaso a tal ponto que ele será apenas um com o rochedo.

Nossa proposta de tradução apoia-se em uma reflexão teórica, assim resumida por Henri Meschonnic:

> Não há teoria da tradução sem sua história, nem história da tradução sem que se faça ou se implique a teoria. Essa reflexão liminar basta para indicar que não se poderia, sem prejuízo, isolar um estudo buscando fazer uma ciência da tradução, uma "tradutologia". Imediatamente, essa operação encadeia um desconhecimento de sua ligação estreita com a teoria e com a história da literatura, desconhecimento que se dissimula atrás de tecnicidades das estilísticas comparadas, que têm por unidades apenas as unidades da língua, enquanto a literatura se faz na ordem do discurso e requer conceitos do discurso. (Meschonnic, 1998, p. 222)

O TEXTO LITERÁRIO

Baseando-nos, tanto quanto possível, na letra do texto original, propomos para ele uma tradução de trabalho que pretende ser apenas "um momento de um texto em movimento. Ela é a própria imagem de que ele jamais o concluiu. Ela não poderia imobilizá-lo", como diz H. Meschonnic (1999, p. 342) de seu próprio trabalho sobre "La femme cachée dans le texte de Kafka" [A mulher escondida no texto de Kafka]. Como ele, consideramos a tradução seguinte como um "ateliê":

> Le mythe tente d'expliquer l'inexplicable; comme il émerge d'un fondement de vérité, il se doit de finir à nouveau dans l'inexplicable.
>
> De Prométhée parlent quatre mythes. D'après le premier, il a été, parce qu'il avait trahi les dieux en faveur des hommes, soudé au Caucase et les dieux ont envoyé des aigles, qui dévoraient son foie qui repoussait toujours.
>
> D'après le deuxième, Pr[ométhée], dans la douleur causée par les becs qui piochaient, s'est enfoncé toujours plus profond dans le roc jusqu'à ne plus faire qu'un avec lui.
>
> D'après le troisième, au fil des millénaires, sa trahison a été oubliée, les dieux ont oublié, les aigles, même lui.
>
> D'après le quatrième, de ce qui était devenu sans fondement, on s'est lassé. Les dieux se sont lassés, les aigles. La blessure s'est fermée, lassée.
>
> Restait l'inexplicable massif rocheux.

> O mito tenta explicar o inexplicável; como ele emerge de um fundamento de verdade, ele tem o dever de findar de novo no inexplicável.
>
> De Prometeu falam quatro mitos. De acordo com o primeiro, ele foi, porque ele havia traído os deuses em favor dos homens, soldado no Cáucaso e os deuses enviaram águias, que devoravam seu fígado que renascia sempre.
>
> De acordo com o segundo, Pr[ometeu], na dor causada pelos bicos que picavam, afundou-se sempre mais profundo na rocha até fazer apenas um com ela.
>
> De acordo com o terceiro, ao longo dos milênios, sua traição foi esquecida, os deuses esqueceram, as águias, mesmo ele.
>
> De acordo com o quarto, daquilo que se tinha tornado sem fundamento, cansaram-se. Os deuses se cansaram, as águias. A ferida se fechou, cansada.
>
> Restava o inexplicável maciço rochoso.

As opções seguintes presidiram essa proposta de tradução. Primeiramente, importa-nos estabelecer o texto de origem com atenção sem nos fiarmos às edições correntes e às traduções admitidas. Em seguida, do fato de que "Traduzir não pode deixar de implicar uma teoria do discurso" (Meschonnic, 1999, p. 319), decorre que a unidade de trabalho não é nem a frase, nem a palavra, mas antes o texto, o cotexto e o intertexto. Como preceitua Meschonnic, "*A unidade não é a palavra, mas o texto*. O primado da organização textual sobre as unidades filológicas impõe tirar as consequências em tradução desse primado, que é o do ritmo" (*Idem*, p. 335). Decorre daí o fato de que devemos respeitar a construção original do texto. Enfim, a tradução deve ser atenta ao conjunto das unidades que Meschonnic enumera a respeito das traduções de *Eine kleine Frau* (*Une petite femme* [Uma pequena mulher]) por Vialatte (Kafka, 1948) e por Claude David (Kafka, 1980):

> Desde a pontuação até a ordem dos grupos e das palavras, no número e no lugar dos modalizadores, partículas de atenuação, de meticulosidade, de hesitação, de denegação, o discurso de Kafka é um gestual, uma rítmica, uma prosódia. Ou seja, uma oralidade. No sentido em que esse conjunto prima pela significância do texto, e faz sua lógica. O que a tradução de Vialatte, maravilhosamente, por contraste, evidencia: ela o ignora completamente. Ela faz passar a poética oral do texto a um código escrito, tradicionalmente reconhecido como aquele que suprime as repetições porque elas são pesadas, acrescenta explicações porque elas são claras, desloca os grupos porque o *sentido do francês* o pede. (Meschonnic, 1999, p. 320)

Nossa primeira modificação com relação às traduções de Vialatte e de Marthe Robert atém-se à questão do sentido de "Sage" e do sentido de "légende" [lenda] em francês. A língua alemã tem uma palavra para traduzir o tema escolhido por Marthe Robert e Vialatte: "Legende". Kafka evita essa palavra, assim como ele não utiliza "Mythos", que corresponderia ao *mito* antigo. "Sage" pode remeter aos *mitos*, mas muito mais no sentido bem amplo de *narrativas tradicionais*. "Sagen" designa o dizer de homens em suas tradições, no sentido literal de "aquilo que se diz", os "disseram" relativos a Prometeu. Claude Calame explorou essa questão terminológica importante em *Mythe et Histoire dans l'Antiquité grecque* [Mito e história na Antiguidade grega]:

> Na área germanófona, determinante nesse esforço classificatório, "légende" [lenda] corresponde a *Sage* mas também a *Legende*; o primeiro termo recobriria em parte o campo semântico atribuído ao mito quando ele não se aplicaria especificamente às narrações da cultura própria, enquanto que o segundo denotaria essencialmente as narrativas hagiográficas da tradição cristã. (Calame, 1996, p. 22-23)

Escolhemos evitar as conotações de "légende", em francês, e hesitamos entre "narrativa(s) de tradição" e "mito" porque a questão das tradições é importante na obra de Kafka, mas a brevidade rítmica de "Sage" não aparece na perífrase "narrativa de tradição". Desde as *Schönsten Sagen des Altertums*, de Gustav Schwab, os termos "Sage" e "Mythe" ou "Mythos" são novamente sinônimos em alemão, após terem sido distinguidos pelos Grimm, que diferenciavam "Sage", "Legende", "Märchen" e "Mythe" por razões de classificação próprias a suas coleções de textos. O emprego desse termo no singular e com o artigo definido apresenta a *Sage-mythe* como um conceito, como uma forma de pensar e de explicar o mundo. A primeira frase atribui uma intencionalidade ao conceito que se encontra assim reificado e personificado: o mito "tenta" (*versucht*) explicar o inexplicável. Uma tal acepção abstrata do termo não existia para os gregos, como Claude Calame o mostrou. Para eles, "mythos" designava uma narrativa dos tempos passados, "*ta archaia*", sem designar uma forma particular de pensar ou de perceber o mundo. Uma tal reificação ou ontologização dos conceitos é, ao contrário, característica de um certo tipo de discurso filosófico sobre o mito, muito presente, desde o romantismo, no interdiscurso alemão.

Quando Vialatte traduz "[...] *Schickten Adler, die von seiner immer nachwachsenden Leber frassen*" por "[...] enviaram águias que deviam lhe roer o fígado, mas esse fígado renascia sempre", ele acrescenta explicações destinadas a dar clareza ao texto de Kafka. Contra a sintaxe muito complexa de Vialatte, a fim de evitar a repetição de "foie" [fígado] inventada por Vialatte e o "mais" [mas] ausente no texto de Kafka, propomos: "ont envoyé des aigles, qui dévoraient son foie qui repoussait toujours" [enviaram águias, que devoravam seu fígado que renascia sempre]. Pelo simples imperfeito ("qui dévoraient..." [que devoravam]), destacamos o iterativo. O *passé simple* escolhido por Marthe Robert ("qui dévorèrent son foie toujours renaissant" [que devoraram seu fígado sempre renascido] apresenta menos bem a repetição e a duração infinita do suplício. Nossa escolha do *passé composé* rompe com as opções dos tradutores franceses que optam resolutamente pela narrativização que o *passé simple* apoia[9]. Para nós, o *passé composé* apresenta a vantagem de fragmentar o texto, de isolar os acontecimentos e de desestruturar a sequência narrativa, de fazer de cada parágrafo "uma ilha", para parafrasear a análise que Sartre propõe das frases de *L'Étranger* [O estrangeiro], de Camus (1947, p. 142). Escolhemos, aliás, manter certos efeitos de sentido produzidos pela sintaxe e a pontuação pretendida por Kafka. Conservamos a vírgula antes da relativa do final do parágrafo, pois ela dá mais autonomia a essa última proposição narrativa. Respeitamos, sobretudo, a segmentação da principal pela inserção da subordinada explicativa: "il a été [parce qu'il...] soudé au Caucase" [ele foi (porque ele...) soldado ao Cáucaso"] (*"wurde er [weil er...] am Kaukasus festgeschmiedet..."*).

Marthe Robert corrigiu certos excessos da tradução de Vialatte, em particular "les convulsions de douleur que lui causaient ces bêtes qui le rongeaient sans cesse" [as convulsões de dor que lhe causavam esses animais que o roíam sem cessar]. Vialatte inventou essas "convulsões de dor", ausentes do texto de Kafka, muito mais sóbrio, e atribuiu aos animais, e não a seus bicos, a origem dessa forma. Marthe Rober simplificou muito justamente, traduzindo por "fuyant dans sa douleur les becs qui le déchiquetaient" [fugindo em sua dor dos bicos que o espicaçavam]. Mas, seguindo sempre mais de perto o texto de Kafka, a extrema economia de *"im Schmerz vor den zuhackenden Schnäbeln"* ganha ao ser traduzida por "sous la douleur des becs qui piochaient" [sob a dor dos bicos que picavam]. Veremos adiante a importância de uma causalidade que hesitamos em

---

9. Em português, tanto o *passé simple*, de uso predominantemente literário, quanto o *passé composé* são traduzidos pelo pretérito perfeito simples. [N.T.]

deixar implícita. A *hacken* (*hacher, piocher* [cortar, picar]), "*zu*" acrescenta uma ideia de direção que os tradutores trazem pelo pronome *le* [o]. Com o verbo *piocher* [picar, bicar], evitamos o acréscimo dessa marca pessoal ausente do texto de Kafka e nos reservamos da ideia de violência repetida das bicadas.

Sublinhamos, em "Nach *der dritten wurde in den Jahrtausenden sein Verrat vergessen, die Götter vergassen, die Adler, er selbst*", a progressiva simplificação e redução da frase, da qual já falamos anteriormente. Vialatte tem muita dificuldade em assumir essa extrema simplicidade e traduz por "*sa trahison fut oubliée au cours des siècles: les dieux l'oublièrent, les aigles, et lui-même oublia aussi*" [sua traição foi esquecida no curso dos séculos: os deuses o esqueceram, as águias, e ele mesmo esqueceu também]. Marthe Robert, traduzindo por "sa trahison fut oubliée au fil des millénaires, les dieux oublièrent, les aigles, et lui-même, *oublièrent*" [sua traição foi esquecida ao longo dos milênios, os deuses esqueceram, as águias, e ele mesmo, *esqueceram*], corrige a redução temporal dos milênios em séculos por Vialatte. Ela bem evita o pronome " l' " [o] que lembra Prometeu, enquanto o texto parece ampliar o esquecimento ao ponto de fazer desaparecer o objeto desse esquecimento; mas ela mantém a repetição do verbo "esquecer" introduzida por Brod. Para nós, é preciso aceitar que a frase se esgote em elipses sucessivas: "Dans le troisiéme, au fil des millénaires, sa trahison a été oubliée les dieux ont oublié, les aigles, même lui" [No terceiro, ao longo dos milênios, sua traição foi esquecida os deuses esqueceram, as águias, mesmo ele]. Hesitamos em traduzir esse parágrafo de forma a melhor trazer a diferença entre o verbo francês "oublier" [esquecer] e o alemão "*vergessen*". Como o nota Harald Weinrich, bem no início de *Léthé*, o verbo esquecer é, em francês, um verbo ativo que contradiz nosso sentimento espontâneo do esquecimento, que é o de sofrê-lo muito mais passivamente:

> Sob esse ângulo, o verbo que lhe corresponde em latim, *oblivisci*, está mais próximo de nossa experiência interior. É um "depoente", isto é, um verbo que tem uma forma passiva e um sentido ativo. Esse hibridismo gramatical parece expressar melhor a posição intermediária do esquecimento, entre atividade e passividade. (Weinrich, 1999, p. 13)

Exatamente como o inglês de origem germânica, *to forget* associa *-get* (tomar, possuir) ao prefixo *for-* que inverte seu sentido, o verbo alemão *"vergessen"* comporta um prefixo *ver-* que inverte o movimento de *-gessen* (palavra próxima provavelmente de *-get*, que não é mais empregada em alemão) e dá a *vergessen* o sentido de *largar*, *perder* e, por extensão, *esquecer*[10]. Como diz Weinrich, a respeito do inglês e do alemão:

> Em uma e outra língua, essas palavras sugerem, então, um sentido do esquecimento que se exprime pela perífrase "(fazer) sair da memória". O esquecimento "dispersa" o que a memória anteriormente recolheu. (Weinrich, 1999, p. 15)

A tradução seguinte mostraria melhor, talvez, essa diferença entre as línguas francesa e alemã: "D'après le troisième, au fil des millénaires, sa trahison est sortie de la mémoire, elle est sortie de la mémoire des dieux, des aigles, de lui-même" [Segundo o terceiro, ao longo dos milênios, sua traição saiu da memória, ela saiu da memória dos deuses, das águias, dele mesmo]. Entretanto, as consequências sintáticas dessa opção de tradução sobre o estatuto gramatical dos três actantes ("dieux", "aigles", "lui-même") são muito fortes: eles passam da condição de substantivos sujeitos à de genitivos.

Em nossa tradução do quarto mito,

> D'après le quatrième, de ce qui était devenu sans fondement, on s'est lassé. Les dieux se sont lassés, les aigles. La blessure s'est fermée, lassée.
>
> Segundo o quarto, daquilo que se tinha tornado sem fundamento, cansaram-se. Os deuses se cansaram, as águias. A ferida se fechou, cansada.

traduzimos *"müde"* por *"se lasser"* [cansar-se], que retomamos apenas três vezes, conforme o texto original, enquanto os tradutores, que seguem o texto de Brod, o transcrevem quatro vezes. Esse último quer, ainda, explicitar a elipse. Vialatte emprega, primeiramente, o verbo "se fatiguer" [fa-

---

10. Esse mecanismo é facilmente observável na inversão do sentido dos verbos *kaufen* (comprar) e *verkaufen* (vender), como nota H. Weinrich (1999, p. 15).

tigar-se]; depois, três vezes, "se lasser". É a sua forma de atenuar as repetições. Marthe Robert escolheu apenas o verbo "se fatiguer". Sendo a fadiga mais exclusivamente física que o cansaço, ao mesmo tempo físico e moral, a escolha do verbo "se lasser" parece-nos corresponder melhor à lógica do texto.

Na frase final, para traduzir *"Felsgebirge"*, conservamos a ideia mais vasta do "massif rocheux" [maciço rochoso] em vez de "roc" [rocha] ou "rocher" [rochedo], escolhidos pelos outros tradutores. Com relação a *"den Felsen"* do terceiro parágrafo (que se pode, ao contrário, traduzir por *roc* ou *rocher*), *"Felsgebirge"* apresenta a vastidão do maciço montanhoso e remete, assim, ao Cáucaso mencionado no segundo parágrafo.

6.3 Análise textual

Centraremos nossa análise em dois aspectos do texto de Kafka: sua estrutura enunciativa e a forma como ele põe em crise a narrativa enquanto tal, fazendo-a eclodir em quatro formas de dizer. As questões do gênero e da intertextualidade vão nos ajudar em nossa análise.

A questão da origem da verdade é posta, de início, pela primeira frase periódica, composta de três membros:

> Le mythe tente d'expliquer l'inexplicable [a]; comme il émerge d'un fondement de vérité [b], il se doit de finir à nouveau dans l'inexplicable [c].

> O mito tenta explicar o inexplicável [a]; como ele emerge de um fundamento de verdade [b], ele tem o dever de findar de novo no inexplicável [c].

A verdade da primeira proposição [a] apresenta-se como uma premissa aceitável pela maioria (como diria Aristóteles). Ela define a função explicativa das narrativas da tradição: *"erklären"* tem bem o sentido de explicar, interpretar, elucidar. A asserção de [a] é modalizada pelo verbo *"versuchen"* (essayer, tenter de) [experimentar, tentar], que não se pronuncia sobre o sucesso da operação explicativa. A proposição [b] ("comme il émerge d'un fondement de vérité" [como ele emerge de um fundamento de verdade] (Wahrheitsgrund)), separada de [a] por um ponto e vírgula, é apresentada como a retomada de um pressuposto. Essa proposição é causalmente ligada, pelo conector "*da*" (comme [como]), à seguinte. A particularidade desse conector e da modalidade endoxal da enunciação (acentuada pelo deôntico "*muss*", no sentido de *devoir* [dever]) reside na apresentação da validade da proposição [b]. A proposição que o conector "comme-*da*" [como] introduz é menos a causa propriamente dita que o ponto de partida do qual o raciocínio tira uma conclusão. O valor causal desse conector é, claramente, menos importante que seu valor enunciativo, que se pode dizer diafônico no sentido em que, à maneira de um "puisque" [já que], "comme-*da*" [como] traz o argumento que o segue como admissível/admitido por todos os destinatários possíveis. O argumento introduzido por "comme-*da*" [como] é destinado a convencer à como uma premissa admitida por todos.

Nessas condições, a validade da proposição [c] "*muss sie wieder im Unerklärlichen enden*" ("il se doit de finir à nouveau dans l'inexplicable") [ele tem o dever de findar de novo no inexplicável] é apresentada como evidente. Entretanto, o encadeamento de [a] a [c] se faz mais por retomada da palavra "*Unerklärliches*" que por uma estrita lógica argumentativa. A eficácia da explicação (*erklären*) e, consequentemente, da função explicativa da narrativa, é aqui singularmente posta em causa. Partindo do inexplicável [a], aquilo que se diz do mito é apresentado como desembocando, inevitavelmente, sobre o inexplicável [c] a despeito de [b], muito mais que por causa de [b]. Temos aí um belo exemplo do que é a escritura "lógica" de Kafka: as proposições assertadas parecem evidentes e são dificilmente negáveis, mas elas desembocam em raciocínios duvidosos. Espera-se que admitamos a proposição [c] na base argumentativa da verdade apresentada como admitida em [b] e, por outro lado, da verdade posta em [a]. A sequência do texto torna essa proposição paradoxal [c] admissível em dois tempos. Em um primeiro tempo, passamos do singular "Le mythe" [O mito] (*Die Sage*) para o plural: "Quatre mythes" [quatro mitos] (*vier Sagen*). Assim, cada mito asserta *sua* verdade, e isso faz com que se quebre a unidade do fundamento verídico posto em [b]. Em um segundo tempo, o encadeamento de quatro asserções de pontos de vista diferentes leva à frase-parágrafo terminal que reconduz o paradoxo do primeiro parágrafo a *"unerklärliche Felsgebirge"* (*l'inexplicable massif rocheux*) [o inexplicável maciço rochoso].

A fragmentação da verdade passa pela estrutura enunciativa profundamente polifônica desse texto. Estamos, com efeito, às voltas com uma narração mediatizada por quatro fontes. O marcador de enquadramento *"nach"*, que traduzimos por "d'après" ("de acordo com"), introduz um grupo sintático periférico, adjunto ao núcleo da frase e destacado no topo da frase-parágrafo. Os marcadores como "d'après", "selon" e "pour" [segundo, de acordo com, para] assinalam sempre a abertura de um segmento textual que eles colocam a seu alcance. Eles dão uma instrução de leitura dupla. De um lado, é preciso marcar uma zona textual de um certo comprimento e, cuidadosamente, delimitar as fronteiras inicial e final daquilo que se pode considerar como o quadro de um ponto de vista ou um universo de discurso particular[11]. De outro lado, convém considerar, semântica e enunciativamente, essa zona como um universo de discurso estrangeiro. Os fatos mencionados sob o alcance de cada "d'après" são apresentados como independentes da experiência sensível ou cognitiva do enunciador, mas originados em uma outra fonte. O enunciador menciona fatos dos quais não teve diretamente conhecimento, e ele o faz de forma indireta, abertamente mediada.

Ao valor mediativo de "selon" e de "pour", "*nach*-d'après" acrescenta um distanciamento temporal ("après"). É, ao mesmo tempo, "selon" e ("d'") "après" que o enunciador diz reportar os fatos mencionados. Esse distanciamento temporal entre o dizer de um terceiro e a enunciação presente situa esta última em uma relação de distância às quatro verdades/versões do mito. Nesse ato complexo de enunciação, as quatro *"Sagen"* correspondem a quatro pontos de vista sucessivos de quatro enunciações que se perdem na noite dos tempos. O enunciador não expressa uma dúvida (um outro ponto de vista), assim como ele não assume os fatos mencionados: ele não afirma a verdade dos quatro pontos de vista sucessivos.

---

11. Essa questão linguística dos trechos de textos cobertos por um ponto de vista introduzido por um marcador de quadro enunciativo como "D'après" [de acordo com] é detalhada em Adam, 2008a, p. 72-77 [Adam, 2008b, p. 113-122].

O fato de esses quatro mitos serem inventados por Kafka e serem totalmente ficcionais (nem mesmo o primeiro corresponde às tradições hesiodiana ou esquiliana de um Prometeu castigado não pelos deuses, mas por um só deus, o próprio Zeus) não muda nada nesse modo de apresentação e de construção da representação discursiva.

Esse texto apresenta-se como uma sucessão dos quatro "d'après", seguidos, a cada vez, de um recuo. O recuo é um índice de fim e de início de um novo ponto de vista. A tradução pode dificilmente dar um efeito rítmico ligado, em alemão, à presença, por três vezes, da mesma palavra *"wurde"*, encarregada de assinalar o passivo e de sublinhar assim o estatuto de vítima de Prometeu. Essa retomada apoia o efeito rítmico da repetição de *"nach der"* ("D'après le..."). As quatro novas versões da história de Prometeu apresentam-se, ao mesmo tempo, como independentes e como sequências umas das outras. Em outros termos, as quatro narrativas míticas, cada uma em relação com a precedente, são apresentadas como se sucedendo no tempo, e seu isolamento explica o esquecimento progressivo do sentido inicial da presença de Prometeu no cume do Cáucaso. De fato, a frase final no imperfeito, que se destaca do parágrafo precedente e interrompe a sequência de "d'après", sublinha o fato de que se trata do fim de toda a história de Prometeu, inclusive daquela que o texto de Kafka relata.

O primeiro ponto de vista sobre o mito é decomponível em uma sequência de acontecimentos (a) ligados causal e temporalmente: ao enunciado da causa original (explicitamente destacada pelo conector explicativo "parce que-*weil*" [porque]), na qual Prometeu é ainda agente — "parce qu'il avait trahi les dieux en faveur des hommes" (a1) [porque ele havia traído os deuses em favor dos homens] —, sucede a punição-consequência: "il a été [...] soudé au Caucase" (a2) [ele foi (...) soldado no Cáucaso], na qual Prometeu está em posição, dessa vez, de paciente e não mais de agente. O acontecimento seguinte, "et les dieux ont envoyé des aigles" (a3) [e os deuses enviaram águias], está conectado ao precedente por "et", e ele se apresenta, por isso, como uma segunda consequência de "parce que" (a1). Ele permite a introdução dos agentes de suplício e de sua ação: "qui dévoraient son foie qui repoussait toujours" (a4) [que devoravam seu fígado que renascia sempre]. Escolhemos traduzir as relativas por imperfeitos que destacam o fato de que a ação agressiva das águias se prolonga em uma duração indefinida. Pode-se dizer que esse primeiro mito comporta os ingredientes de uma narratividade canônica: uma sucessão de acontecimentos no tempo, uma transformação de estado de um agente presente ao longo de toda a narrativa (Prometeu passa do papel de agente transgressor para o de paciente-vítima) e ligações de causalidade entre os acontecimentos (c'est "parce que-*weil*" a1 que a2 "et-*und*" a3, "qui" a4 [é "porque" *a1* que *a2* "e" *a3*, "que" *a4*]). Estamos aqui diante de uma explicação dos fatos passados pela sua apresentação na narrativa, certamente seletiva, mas esta é uma propriedade da narrativa: a seleção dos fatos julgados pertinentes conforme um certo ponto de vista.

A apresentação do segundo mito é bastante parecida com a do primeiro, mesmo se ele é mais curto que o precedente. A causalidade está sublinhada por uma locução: "dans la douleur *causée par* les becs qui piochaient" (a5) [na dor *causada pelos* bicos que picavam]. A temporalidade desse primeiro enunciado é — daí a escolha do imperfeito em francês — sobreponível ao fim da primeira narrativa: "qui dévoraient son foie qui repoussait toujours" (a4). A consequência é enunciada em dois tempos: "Pr[omethée] s'est enfoncé plus profond dans le roc" (a6) [Pr[ometeu] afundou-se mais profundo na rocha]. Ao termo dessa primeira consequência estendida, também ela, no tempo, Prometeu não está mais apenas "soudé" [soldado] à rocha (a2), mas ele faz agora parte do rochedo: "jusqu'à ne faire qu'un avec lui" (a7) [até fazer apenas um com ele]. O fato mais surpreendente aqui é que o segundo mito, apresentado, entretanto, como originado de uma outra tradição, é a sequência do primeiro. Ele não remonta à origem dos fatos (a1) e deixa assim essa origem fora de sua versão narrativa. Ele encadeia apenas a5 a partir de a4. As duas relativas — "qui dévoraient son foie qui repoussait toujours" (a4) e "qui piochaient" (a5) — repetem o mesmo suplício, mais abstrato, entretanto, em a5. Vimos anteriormente que Vialatte não havia admitido esse fato de sentido, inventando "convulsões de dor", certamente possíveis de se inferir da atroz tortura, mas ausentes do texto de Kafka. A ruptura da forma passiva repetida em outra parte (*"wurde"*) e sua substituição por *"drückte"* explicam, certamente, o fato de Marthe Robert traduzir a5 mais ativa e pateticamente que nós: "fuyant dans sa douleur les becs..." [fugindo em sua dor dos bicos...]. O texto de Kafka parece-nos muito mais constativo do que sugere esta última tradução.

Os terceiro e quarto mitos são muito diferentes. Eles não se apresentam mais como sequências de causas e de consequências, mas como simples consequências da perda dos motivos e das razões do suplício de Prometeu. Nesse sentido, eles manifestam o desmoronamento progressivo do que está no cerne de toda narrativa: a exposição dos motivos, dos móbeis e das razões de agir das personagens; o grau de responsabilidade de seus atos, seu devir no tempo. Pode-se mesmo dizer que toda narrativa tem alguma coisa a ver com a memória, já que sua função primeira é a de (re)atribuir um sentido àquilo que foi, um sentido para o presente e para o futuro. No texto de Kafka, esse desmoronamento do poder da narrativa é causado pelo fato de que a traição dos deuses por Prometeu (a1) desaparece nos olvidos do tempo e da memória humana que as tradições tinham, entretanto, o papel de conservar. O primeiro enunciado, "au fil des millénaires sa trahison a été oubliée" [ao longo dos milênios sua traição foi esquecida], não evidencia os agentes da frase passiva e do esquecimento, que são deslocados para o fim da frase, em uma ordem que pode ser interpretada como sucessiva: "les dieux ont oublié" (a8) [os deuses esqueceram] "[puis] les aigles" (a9) [[depois] as águias], "[puis] même lui" (a10) [[depois] mesmo ele]. As águias esquecem, depois os deuses, e o próprio Prometeu vem a esquecer a origem e a causa de seu próprio estado, traição cujo conteúdo não é dado com precisão por uma tradição que talvez já o tenha esquecido. Nesse terceiro mito, apenas o tempo decorre. Não estamos diante de uma ordem das causas e das consequências; o esquecimento afeta progressivamente todos os protagonistas. Ele é causado apenas pelo escoamento do rio temporal dos milênios. O terceiro mito corresponde ao esquecimento, de fato, do primeiro.

Da mesma maneira, o último mito corresponde ao esquecimento do segundo. O esquecimento do acontecimento inicial (a1) não deixa supor o fim do suplício de Prometeu, mas apenas o esquecimento das razões e dos motivos de seu castigo, dos móbeis dos deuses, parcialmente expostos no primeiro mito. O último, em revanche, com o cortejo de *cansaço* que ele introduz, leva, dessa vez, ao abandono de Prometeu, detalhado no segundo. O quarto mito parte, como o terceiro, da perda das razões de agir, dos motivos e das causas: "de ce qui étai devenu sans fondement, on s'est lassé" [daquilo que se tornou sem fundamento, cansaram-se]. A ordem cronológica precedente é retomada: "Les dieux se sont lassés" (a11) [Os deuses se cansaram]; "les aigles" (a12) [as águias] e, por fim, a própria chaga de Prometeu, "La blessure s'est fermée, lassée" (a13) [A ferida se fechou, cansada]. A ausência de conexão sintática entre esses três acontecimentos sublinha o desmoronamento das cadeias causais. A parataxe e a elipse levam a ausência de ligação entre os acontecimentos narrativos a seu cúmulo. É, ainda aí, um fato estilístico particularmente significante que a tradução deve certamente tentar fazer perceptível.

O encadeamento narrativo leva à asserção final que dá todo seu sentido ao paradoxo inicial, "Restait l'inexplicable massif rocheux" [Restava o inexplicável maciço rochoso], que se pode ser tentado a traduzir por "N'est resté que l'inexplicable massif rocheux" [Restou apenas o inexplicável maciço rochoso]; mas isso seria dizer, muito explicitamente, o que o texto não explicita. Se a verdade sobre a qual se funda cada um dos mitos está esquecida, resta apenas, ao termo do percurso dos pontos de vista e do escoamento do tempo, o inexplicável maciço do Cáucaso. Compreendemos, então, perfeitamente a abertura paradoxal do texto: como os mitos se fundam em uma verdade esquecida, eles não podem senão acabar no inexplicável. O mito bem pretendeu ter por objetivo tentar "explicar o inexplicável", mas não o conseguiu por falha de memória. Tal é, certamente, a função desse comentário filosófico em forma de poema em prosa: reduzir a história de Prometeu à presença fatual do Cáucaso e dizer a impotência explicativa das narrativas míticas.

O recuo que isola esse último parágrafo interrompe a continuidade dos quatro mitos sucessivos e torna possível o eco reforçado dos enunciados no presente do início do texto. Aparecendo como a constatação fatual daquilo que resta desses mitos, os enunciados são postos à distância do enunciador. Do início ao fim desse texto, as operações enunciativas são representativas de uma distância impessoal que se faz acompanhar de um certo humor, matizado de ironia. Somos tentados a ler, nesse sentido, o jogo com as palavras "*Wahrheitsgrund*" (primeiro parágrafo) e "*grundlos*" (penúltimo parágrafo). Esse jogo sobre os fundamentos ou a ausência de fundamento da verdade atém-se ao duplo sentido de "*Grund*": o fundo terrestre, material (de um copo, por exemplo) e, ao mesmo tempo, o fundamento, a base, a razão, a causa. A proposição [b] do primeiro parágrafo, a qual comentamos longamente acima, apresenta-se, também ela, como um jogo com o conector: "parce que", "comme" [porque, como]. De alguma forma, a proposição "da *sie aus einem Wahrheitsgrund kommt*" apresenta, no jogo de seus significantes, uma espécie de redundância causal com, literalmente, essa verdade em "parce que" [porque]. Ora, o que se tornou sem fundamento, sem razão nem causa, portanto sem "parce que", não tem senão um fundamento rochoso: aquele do alicerce terrestre do imenso maciço do Cáucaso. As múltiplas explicações prestadas através dos tempos, pelas tradições sucessivas, sobre o mito de Prometeu, para explicar-lhe precisamente os fundamentos são reduzidas, por Kafka, à pura e simples materialidade tangível e resistente do maciço rochoso.

6.4 Análise cotextual e intertextual: Kafka, leitor de Nietzsche

As edições separadas das "narrativas" e dos "aforismos" têm desco(n)textualizado o texto que nos interessa. O cotexto do "Caderno G" é feito de reflexões notadas dia após dia, de comentários, de aforismos e de fragmentos narrativos mais ou menos desenvolvidos. A edição de um fragmento de diário e de caderno de trabalho implica levar em consideração essa materialidade discursiva muito diferente das edições e traduções conhecidas.

A primeira frase, "*Sie Sage versucht das Unerklärliche zu erklären*" ("Le mythe tente d'expliquer l'inexplicable" [O mito tenta explicar o inexplicável]), inscreve o enunciado no gênero do comentário ou do metadiscurso sobre a *Sage*, a narrativa de tradição, termo utilizado aqui como sinônimo de mito (falaremos sobre isso adiante). A sequência da frase com seu vocabulário abstrato e o termo estranho de "*Wahrheitsgrund*" (fundamento de verdade) sugere a ideia de que Kafka inscreve seu texto no gênero do comentário ou da reflexão filosófica. Essa inscrição genérica está confirmada e reforçada pelo cotexto que é, principalmente, composto de reflexões e de comentários, por vezes de porte aforístico. Por exemplo, na data de 12 de outubro (Kafka, 1992, p. 68), encontramos "*Der Geist wird erst frei, wenn er aufhört, Halt zu sein*" ("L'esprit se libère seulement lorsqu'il cesse de servir d'appui" [O espírito só se libera quando cessa de servir de apoio]) e, sob a forma de um enunciado paradoxal que faz pensar nos aforismos e comentários de Nietzsche *"Es gibt nur aweierlei: Wahrheit und Lüge. Die Wahreit ist unteilbar, kann sich also selbst nicht erkennen. Wer sie erkennen will muss Lüge sein."* ("Il n'y a que deux choses: vérité et mensonge. La verité ne se divise pas, et par conséquent elle ne peut se reconnaître elle-même. Qui veut la reconnaître, doit être mensonge" [Não há senão duas coisas: verdade e mentira. A verdade não se divide e, consequentemente, não pode reconhecer-se a si mesma. Quem a quer reconhecer, deve ser mentira]). Nesse espírito, o texto de Kafka encadeia-se com um argumento relativo a uma função ontológica da *Sage*: *"da sie aus einem Wahrheitsgrund kommt, muss sie wieder im Unerklärliche n enden"* ("comme il émerge d'un fondement de vérité, il se doit de finir à nouveau dans l'inexplicable" [como ele emerge de um fundamento de verdade, ele tem o dever de findar de novo no inexplicável]). Quando olhada de perto, essa causalidade apresentada com a evidência de uma lógica argumentativa se mostra, pelo menos, duvidosa. Como o fato de emergir de um *"Wahrheitsgrund"* (literalmente um "fundamento de verdade") pode ser a causa necessária do fato de que o mito desemboque no inexplicável? Esse raciocínio pouco lógico, para não dizer paradoxal, desperta a desconfiança de que estamos diante de um enunciado que parodia, imitando-o, não o mito, mas um tipo de discurso filosófico "ontologizante" sobre o mito. Essa desconfiança é confirmada por um texto de Nietzsche escrito em 1874 e publicado nos *Fragmentos póstumos* (*Nachgelassene Fragmente*) que Kafka pôde ler em uma edição publicada em 1903. Esse fragmento inicia-se com essa frase que associa, de forma insólita, mito e esquecimento: *"Prometheus und sein Geier sind vergessen worden, als man die alte Welt der Olympier und ihre Macht vernichtete"* ("Prométhée e son vautour ont été oubliés lorsqu'on anéanti le vieux monde des Olympiens e sa puissance" [Prometeu e seu abutre foram esquecidos quando anulamos o velho mundo dos Olímpicos e sua potência])[12].

---

12. *Friedrich Nietzsche. Sämtliche Werke. Kritische Studienausgabe in 15 Bänden*, Herausgegeben von G. Colli und M. Montinari, Band 7, Deutscher Taschenbuch Verlag, de Gruyter, 1980, p. 835-837. Tradução francesa: Friedrich Nietzsche: "Fragments posthumes 1874-1876", *Considérations inactuelles II*, G. Colli et M. Montinari éds., Paris, Gallimard, 1978, p. 248. Para uma análise mais detalhada desse intertexto que permaneceu despercebido pela crítica, ver "Un mythe et deux façon d'y recourir: 'Die

O fragmento de Nietzsche chamado "Prometheus-entwurf" ("esquisse--Prométhée" [esboço-Prometeu]) é um projeto para uma peça em que se encenam um Prometeu decepcionado e um abutre que é "bavarde comme un perroquet" [tagarela como um papagaio] (*der Geier scwätzt wie ein Papagei*). O abutre "ne veut plus dévorer le foie de Prométhée qui devient trop gros" [não quer mais devorar o fígado de Prometeu, que se torna muito grande] (*der Geier will nicht mehr fressen. Prometheus Leber wächst zu sehr*). A primeira parte do fragmento deságua em uma reflexão que anuncia o "fundamento" que Kafka retoma, na nossa opinião, ironicamente no "fondement de vérité" [fundamento de verdade] (*der Wahrheitsgrund*): "Das fabelhafte Griechentum verführt zum Leben—bis er, genauer erkannt, wieder davon *abführt*: sein Fundament wird als schrecklich und unnachmlich erkannt" ("L'hellénité fabuleuse conduit fallacieusement à la vie — jusqu'à ce que, mieux connue, elle en *détourne*: son fondement est reconnu comme terrible et inimitable" [O helenismo fabuloso conduz falaciosamente à vida — até que, mais bem conhecida, ela se *desvie*: seu fundamento é reconhecido como terrível e inimitável]). Esse intertexto confirma a dimensão metadiscursiva do texto de Kafka e a sua desconstrução de um discurso sobre o mito, com função pretensamente explicativa, filosófica e edificante.

A descoberta dessa cotextualidade e dessa intertextualidade levou-nos a modificar a tradução. À tendência narrativizante que decorreu das escolhas de Brod, opusemos uma textualidade aforizante e poética, justificando essa opção que não era a de nossas primeiras análise e tradução de 2003.

Sage versueht...' [Prometheus] (1918) e 'Es war ein Geier' [Der Geier] (1920) de Franz Kafka", no prelo, ambos de Ute Heidmann.

Epílogo
Homenagem a Henri Meschonnic*

Quando terminávamos este livro, e acabava de ser publicada a coletânea *De monde em monde* (Arfuyen, janeiro de 2009) e o ensaio *Pour sortir du postmoderne* (Klincksieck, março de 2009), Henri Meschonnic faleceu em Paris, no dia 8 de abril de 2009. Poeta, tradutor, professor de linguística na experimental Université de Paris VIII Vincennes – Saint Denis, Henri Meschonnic dizia, com ênfase, por ocasião de seu discurso, ao receber o título de doutor *honoris causa* da Université de Lausanne: "É a partir do poema que [...] atravesso, a meu modo, as disciplinas, para transformar toda a teoria da linguagem, no prazer e no cômico do pensamento, que me torna insuportável para alguns". E acrescentava, com seu inimitável bom humor: "Mas tudo se paga. E hoje, recebo o prêmio disso".[1]

---

* Traduzido por Luís Passeggi e Maria das Graças Soares Rodrigues.

1. No original, "Mais tout se paie. Et aujourd'hui, j'en reçois le prix". A tradução considera o jogo de palavras com as expressões "payer le prix" e "recevoir un / le prix", em que o termo "prix" pode ser entendido como "preço" ou "prêmio", dependendo da situação. No presente caso, optamos pela primeira alternativa, por sua proximidade semântica com "Mas tudo se paga". Esclarecemos, no entanto, que, além de ambiguidade, esse duplo sentido também imprime uma acentuada ironia ao enunciado. A sutileza do humor incide sobre a ideia de quem pagaria esse "tudo / isso" que, na situação, refere-se ao seu modo de agir e de pensar, como erudito, que alguns desaprovavam (explícito na sua fala), mas que a maioria aprovava (implícito na própria cerimônia de premiação). Teríamos, então, dois sentidos possíveis que não podem ser recuperados num mesmo enunciado, em português: "Mas tudo se paga. E hoje, recebo o preço disso." (*Eu pago* o preço: isso me custa estar aqui, falando para vocês.); "Mas tudo se paga. E hoje, recebo o prêmio por isso." (*Vocês pagam* o preço: isso custa a vocês o prêmio que me dão.) [N.T.]

É o autor de mais de quarenta livros que tratam de domínios do saber tão diferentes como a teoria da linguagem e da tradução, a escrita poética e a tradução da Bíblia, a análise de textos literários e de textos filosóficos. Essa diversidade criadora inscreve-se na profunda coerência de uma obra, no sentido pleno do termo. Seus ensaios sobre os textos literários, em particular sobre o que ele denomina *o poema* e que opõe à *poesia*, são inseparáveis de sua atividade de escritor. Uma dezena de livros de poesia, entre os quais *Dédicaces proverbes* (Prêmio Max-Jacob 1972), *Voyageurs de la voix* (Prêmio Mallarmé 1986) e *La terre coule* (Prêmio Nathan Katz 2006), dizem tudo desse *pensamento do contínuo* que atinge nele uma incrível coerência: "Toda a minha vida está nos meus poemas. Os poemas são a linguagem de minha vida. É por eles que vou de desconhecido em desconhecido. Eles me fazem, mais do que eu os faço. E são reconhecidos por aqueles que estão do mesmo lado da linguagem, do mesmo lado da vida que eu". Ainda que seus poemas "ocupem menos espaço que o restante do [s]eu trabalho", foram eles que fizeram que traduzisse a Bíblia como a traduziu, que lhe permitiram pensar a linguagem, a literatura e a tradução como nos ajuda a pensá-las: "Para mim, um poema é o que transforma a vida pela linguagem e a linguagem pela vida". Essa frase resume o propósito de um dos seus mais belos livros: *La Rime et la vie* (2006).

Henri Meschonnic ensinou-nos, com força, que a teoria da linguagem é inseparável do estudo dos textos literários e de uma teoria da tradução (*Poétique du traduire*, 1999; *Éthique et poétique du traduire*, 2007), ela mesma inseparável de uma prática de tradutor de Kafka, de Celan, de Shakespeare e, sobretudo, da Bíblia: *Les Cinq Rouleaux* (1970), *Jona et le signifiant errant* (1981); *Gloires*, tradução dos *Salmos* (2001); *Au commencement*, tradução do *Gênesis* (2002); *Les Noms*, tradução do *Êxodo* (2003); *Et Il a appelé*, tradução do *Levítico* (2005) e *Dans le désert*, tradução de *Números* (2008). A grande contribuição de Henri Meschonnic é de nos ter feito compreender que a literatura e a tradução são as duas atividades "mais estratégicas para compreender o que fazemos com a linguagem. Esse compreender não é outra coisa senão a teoria da linguagem. Sob condição de não fazer como os linguistas, que são surdos para a literatura" (*Poétique du traduire*, 1999, p. 13).

Vendo-o traduzir textos de Franz Kafka e de William Blake e trabalhando com ele, por ocasião de duas inesquecíveis oficinas no âmbito do Centro de Pesquisas em *Línguas e Literaturas Europeias Comparadas*, vimos em ação seu gênio para as línguas e os textos, descobrimos sua capacidade de escuta e de acolhimento de sugestões, sua constante busca de uma coerência no ato de traduzir. Compreendemos assim, definitivamente, que "Traduzir não pode evitar implicar uma teoria do discurso" (1999, p. 319). Compreendemos que, ponto cego de muitas teorias literárias, a tradução vira pelo avesso as teorias estáticas do texto: "Assim, uma tradução não é senão um momento do texto em movimento. É, até, a imagem de que ele não está terminado. Ela não poderia imobilizá-lo" (1999, p. 342). Ou ainda, "A tradução é a maneira mais banal, mais admitida, mais visível das transformações que fazem com que um texto seja sempre o mesmo e outro" (1999, p. 175). A grande lição que decorre dessa posição é particularmente estimulante: "O que se mexe num texto, e por ele, são as noções de linguagem que implementa, que se modificam conforme o reconhecimento do texto, tanto quanto o texto se modifica conforme a transformação das noções com as quais o lemos. Através do movimento do texto, é a própria noção de texto que se move" (1999, p. 174).

"A linguagem sendo aquilo no que, por que pensamos e vivemos uma *vida humana* e no sentido em que, como diz Benveniste, 'a linguagem serve para viver', coloco, em princípio, que se não pensamos a linguagem, não pensamos, e não sabemos que não pensamos. Dedicamo-nos às nossas ocupações [...]". É com essas palavras que se abre *Un coup de Bible dans la philosophie* (2004). Toda a densidade e a agudeza do seu senso da fórmula, de sua escrita aforística, estão aí, em um ritmo único pela força, a precisão e a erudição que subtende cada frase. Esta frase de Ernest Bloch não está posta ao acaso como epígrafe: "Pensar é ir além. O melhor na religião é que ela engendra hereges". Henri Meschonnic nunca cessou de pensar além, ensinar como herege, desestabilizando as certezas e as fronteiras disciplinares pela sua tradução da Bíblia. Intervém na filosofia com seu iconoclasta *Langage Heidegger* (1990) que prolonga o não menos devastador "*Heidegger ou le national-essentialisme*" (2007). Em "*Spinoza poème de la pensée*" (2002), segue um outro caminho, mas profundamente atento, do mesmo modo, à escrita da filosofia. Henri Meschonnic foi herege aos olhos dos linguistas, fazendo de Wilhem von Humboldt um modelo de "antissaussurianismo" e de "antichomskismo", que demonstra até que ponto a linguagem transborda a linguística. Os linguistas não o escutaram quando insistia sobre a necessidade de retomar os trabalhos de Émile Benveniste, no ponto em que a doença os havia interrompido, fim de 1969, no limiar da elaboração de sua "translinguística dos textos, das obras" (Benveniste, 1974, p. 66). Com Humboldt e Benveniste, é um pensamento do discurso e da linguagem que Henri Meschonnic defendia contra as tendências logicistas e gramaticais.

Tudo começou em 1970, com *Pour la poétique* (Gallimard), livro que conserva toda sua força crítica; tudo se interrompe com *Dans le bois de la langue* (Laurence Teper, outubro de 2008). Mas nada acaba, de fato, pois nos deu uma obra cuja leitura não deixa ninguém indiferente; uma obra que ensina que o trabalho do pensamento é inseparavelmente crítico, ético e político; uma obra que obriga a *"pensar juntos"* os domínios ainda compartimentados das ciências do homem e da sociedade: "A poética não se compreende fora da prática teórica, da experimentação no traduzir [...] não é separável dos poemas [...] nem da leitura" e acrescentava: "Teoria, tradução, poemas, leitura estão em interação no político" (*Pour la poétique II*, Gallimard, 1973).

É difícil estar à altura da exigência do que define como o *princípio poético*: "que faz do texto inteiro como discurso, historicidade e subjetividade indissociáveis, a unidade" (1999, p. 170), mas nós gostaríamos, com este livro, modestamente continuar o diálogo com esse inimitável e exigente pensamento. Para não esquecer a importância do seu ensinamento, é necessário ler e reler Meschonnic, agora que esse "viver poema" acaba de terminar e que o ritmo tão particular de sua voz não nos é mais acessível senão na frase de sua escrita, agora que seu riso e seu sorriso já nos fazem falta.

Edições de referência

Capítulos 1, 2 e 3

CAMUS, J.-P. *Les récits historiques*. Paris: G. Clousier, 1643.

_____. *Les décades historiques*. Rouen: Fr. Yaultier, 1642.

_____. *Les spectacles d'horreur*: où se découvrent plusieurs tragiques effets de nostre siecle. Paris: André Soubron, 1630.

GRIMM, J.; GRIMM, W. *Kinder- und Hausmärchen*. Ausgabe letzter Hand, herausgegeben von Heinz Rölleke. Stuttgart: Reclam, [1857] 2001.

_____. *Kinder- und Hausmärchen*: Gesammelt durch die Brüder Grimm. Vergrösserter Nachdruck der zweibändigen Erstausgabe von 1812 und 1815 nach dem Handexemplar des Brüder Grimm-Museums Kassel mit sämtlichen handschriftlichen Korrekturen und Nachträgen der Brüder Grimm, Transkriptionen und Kommentare in Verbindung mit Ulrike Marquardt, von Heinz Rölleke [1812, 1815]. Göttingen: Vandenhoeck und Ruprecht, 1986.

_____. *Kinder- und Hausmärchen*: Gesammelt durch die Brüder Grimm. Vollständige Ausgabe auf der Grundlage der dritten Auflage, herausgegeben von Heinz Rölleke [1837]. Frankfurt am Main: Deutscher Klassiker Verlag, 1985.

_____. *Kinder- und Hausmärchen*: Gesammelt durch die Brüder Grimm. Zweite vermehrte und verbesserte Auflage, Erster Band [1819]. Berlin, 1982.

KLEIST, H. von. *Berliner Abendblätter* [1810-1811]. Darmstadt: Wissenschaftliche Buchgesellschaft, 1982.

WERNER, Z. *Der vierundzwanzigste Februar* [1808-1809]. Frauenfeld; Leipzig: Verlag von Huber & Co., 1924.

Capítulos 2, 3 e 4

ANDERSEN, H. C. *Samlede Eventyr og Historier*. Copenhague: Høst & Søn, 2005a. (Jubilæumsudgaven.)

_____. *Contes & histoires*. Edition intégrale des textes rassemblés par l'auteur, introduction, traduction et annotation par Marc Auchet. Paris: Librairie Générale Française, 2005b. (Le Livre de Poche; La Pochothèque.)

_____. *Œuvres*. textes traduits, présentés et annotés par Régis Boyer. Paris: Gallimard, 1992. v. I. (La Pléiade.)

Capítulo 5

BAUDELAIRE, C. *Les Fleurs du Mal* [1861]. Edition établie par Claude Pichois. Paris: Gallimard, 1996. (Poésie.)

_____. *Les Fleurs du Mal* [1861]. Edition établie par Jacques Dupont. Paris: GF-Flammarion, 1991.

_____. *Œuvres complètes*. Texte établi et annoté par Claude Pichois. Paris: Gallimard, 1975. v. I. (La Pléiade.)

_____. *Correspondance (1860-1866)*. Paris: Gallimard, 1973. v. II. (La Pléiade.)

_____. *Curiosités esthétiques*. Edition établie par Henri Lemaitre. Paris: Garnier, 1962.

_____. *Les Fleurs du Mal* [1861]. Edition critique établie par Jacques Crepet e Georges Blin. Paris: Corti, 1942.

GOETHE, J. W.; NERVAL, G. *Le "Faust" de Goethe traduit par Gérard de Nerval*. Edition présentée et annotée par Lieven d'Hulst. Paris: Fayard, 2002.

_____. *Faust. Der Tragödie erster und zweiter Teil*: Urfaust. Herausgegeben und kommentiert von Erich Trunz. München: Beck, 1977.

Capítulo 6

KAFKA, F. *Nachgelassene Schriften und Fragmente II*. Jost Schillemeit (éd.). Frankfurt am Main: S. Fischer Verlag, 1992.

_____. *Œuvres complètes*. Traduction française par Claude David et Marthe Robert. Paris: Gallimard, 1980. v. II. (La Pléiade.)

_____. *La Muraille de Chine et autres récits*. Traduction française par Jean Carrive et Alexandre Vialatte. Paris: Gallimard, 1950.

_____. *Prometheus*, in *Beim Bau der Chinesischen Mauer* [1931]. Herausgegeben von Max Brod und Hans Joachim Schoeps. Berlin: Gustav Kiepenheuer Verlag, 1948.

Referências bibliográficas*

AARNE, A.; THOMPSON, S. *The types of the folktales*; A classification and bibliography. Second revision. Helsinki: Academia Scientiarum Fennica, 1964. (FFC, 184).

ADAM, J.-M. *La linguistique textuelle*: introduction à l'analyse textuelle des discours. Paris: Armand Colin, 2008a.

_____. *A linguística textual*: introdução à análise textual dos discursos. São Paulo: Cortez, 2008b.

_____. Intertextualité et interdiscours: filiations et contextualisation de concepts hétérogènes. *Revue Tranel*, Université de Neuchâtel, v. 44, p. 3-26, 2006.

_____. Les sciences de l'établissement des textes et la question de la variation. In: HEIDMANN, U.; ADAM, J.-M. (Éds.). *Sciences du texte et analyse de discours*. Genève: Slatkine, 2005. p. 69-96.

_____. La "fureur du jeu phonique" dans un étrange sonnet de Baudelaire. In: MARTIN, S. (Éd.). *Chercher les passages avec Daniel Delas*. Paris: L'Harmattan, 2003. p. 51-57.

_____. *Les textes*: types et prototypes. Paris: A. Colin, 2001.

_____. *Linguistique textuelle*: des genres de discours aux textes. Paris: Nathan, 1999.

_____. *Le style dans la langue*. Paris; Lausanne: Delachaux; Niestlé, 1997.

_____. *Le texte narratif*. Paris: Nathan, 1994a. (FAC).

---

* Não retomamos, aqui, as referências aos nossos artigos citados no início de cada capítulo.

ADAM, J.-M. Décrire des actions: raconter ou relater?. *Littérature*, v. 95, p. 3-22, 1994b.

_____. *Pour lire le poème*. Bruxelles: De Boeck-Duculot, 1985.

_____. Encore Les Chats, *Poétique*, v. 37, p. 43-55, 1979.

_____; GOLDENSTEIN, J.-P. *Linguistique et discours littéraire*. Paris: Larousse, 1976. Chapitre 2.

_____; HEIDMANN, U. Des genres à la généricité: l'exemple des contes (Perrault et les Grimm). *Langages*, Paris, n. 153, p. 62-72, 2004.

_____; HEIDMANN, U. Discursivité et (trans)textualité: La comparaison pour méthode: L'exemple du conte. In: AMOSSY, R.; MAINGUENEAU, D. (Eds.). *L'analyse du discours dans les études littéraires*. Toulouse: Presses Universitaires du Mirail, 2003. p. 29-49.

AMOSSY, R.; MAINGUENEAU, D. (Eds.). *L'analyse du discours dans les études littéraires*. Toulouse: Presses Universitaires du Mirail, 2003.

ANDERSEN, J. *Hans Christian Andersen:* Eine Biographie. Aus dem Dänischen von Ulrich Sonnenberg. Frankfurt am Main; Leipzig: Insel Verlag, 2005.

AROUI, J.-L. L'interface forme/sens en poétique (post-)jakobsonienne. *Langue Française*, v. 110, p. 4-15, 1996.

ARISTÓTELES. *Rhétorique*. Paris: Gallimard, 1991. ("Tel").

AUCHET, M. (Éd.). *(Re)lire Andersen*. Paris: Klincksieck, 2007.

AUTHIER-REVUZ, J. Hétérogénéité(s) énonciative(s). *Langages*, v. 73, p. 98-111, 1984.

BAKHTIN, M. M. Les genres du discours [langage]. In: _____. *Esthétique de la création verbale*. Paris: Gallimard, [1952-1953] 1984. p. 263-308.

_____. *Esthétique et théorie du roman* [1975]. Paris: Gallimard, 1978.

BARCHILON, J. *Perrault's Tales of Mother Goose*. New York: The Pierpont Morgan Library, 1956.

BATAUT, B. de. *Essai sur le récit ou entretiens sur la manière de raconter*. Paris: Ch.-P. Breton, 1776.

BELMONT, N. *Poétique du conte*: essai sur le conte de tradition orale. Paris: Gallimard, 1999.

BERRENDONNER, A. *Eléments de pragmatique linguistique*. Paris: Minuit, 1983.

BINDER, H. *Kafka-Kommentar zu sämtlichen Erzälungen*. München: Winkler Verlag, 1975.

BLUMENBERG, H. *Arbeit am Mythos*. 2. ed. AuflageFrankfurt am Main: Suhrkamp, 1981. v. 2.

BORUTTI, S. Perspectives épistémologiques et concepts opératoires pour l'analyse de discours. In: ADAM, J.-M.; HEIDMANN, U. (Éds.). *Sciences du texte et analyse de discours*. Genève: Slatkine, 2005. p. 261-272.

BREMOND, C. L'exemplum médiéval est-il un genre littéraire? *Exemplum* et littérarité. In: BERLIOZ, J.; BEAULIEU, M. A. Polo de (Éds.). *Les* exempla *médiévaux*: nouvelles perspectives. Paris: Champion, 1998. p. 21-28.

BRONCKART, J.-P.: L'acquisition des discours. *Le Français dans le Monde-Recherches et applications* [Numéro spécial]: Le discours: enjeux et perspectives. Paris: Hachette, 1996. p. 55-64.

CALAME, C. *Mythe et Histoire dans l'Antiquité grecque*. Lausanne: Payot, 1996.

CHARAUDEAU, P.; MAINGUENEAU, D. (Éds.). *Dictionnaire d'analyse du discours*. Paris: Seuil, 2002.

CHISS, J.-L. La coupure langue/littérature et la discipline "français". In: BOISSINOT, A. et al. (Éds.). *Littérature et sciences humaines*. Cergy-Pontoise: Université de Cergy-Pontoise, 2001. p. 149-160. (Les Belles Lettres).

CHRISTENSEN, Arthur. La princesse sur la feuille de myrte et la princesse sur le pois. *Acta orientalia*, Sten Konow dir., Lugduni Batavorum, E. J. Brill. v. XIV, p. 241-257, 1936.

COMBE, D. La stylistique des genres. *Langue Française*, v. 135, p. 33-49, 2002.

CORNULIER, B. de. Pour une analyse du sonnet dans "Les Fleurs du Mal". In: MURPHY, S. (Éd.). *Lecture des* "Fleurs du Mal". Rennes: P.U. Rennes, 2002a. p. 197-236.

_____. *Sur la versification de Baudelaire*. Département de Lettres Modernes, Université de Nantes, novembre 2002b. (Polycopié 2 pour l'Agrégation de Lettres, 2003).

DAMBRE, M.; GOSSELIN-NOAT, M. (Éds.). *L'éclatement des genres*. Paris: Presses de la Sorbonne-Nouvelle, 2001.

DELAS, D. *Roman Jakobson*. Paris: Bertrand-Lacoste, 1993.

DELCROIX, M.; GEERTS, W. *Les Chats de Baudelaire*: une confrontation de méthodes. Paris: P.U.F.; Namur: P.U. de Namur, 1980.

DERRIDA, J. La loi du genre. In: _____. *Parages*. Paris: Galilée, 1986.

DESSONS, G. *Emile Benveniste, l'invention du discours*. Paris: In Press, 2006.

DION, R.; FORTIER, F.; HAGUERAERT, E. (Éds.). *Enjeux des genres dans les écritures contemporaines*. Québec: Nota bene, 2001.

DOLLERUP, C. *Tales and translation*: The Grimm Tales from Pan-Germanic Narratives to Shared International Fairytales. Amsterdam; Philadelphia: John Benjamins Publishing Company, 1999.

DOMINICY, M. La fabrique textuelle de l'évocation: sur quelques variantes des "Fleurs du Mal". *Langue Française*, v. 110, p. 35-47, 1996.

DOUAY-SOUBLIN, F. Les figures de rhétorique: actualité, reconstruction, remploi. *Langue Française*, v. 101, p. 13-25, 1994.

ECO, U. *Le Signe* [1973]. Paris: Labor-Le Livre de poche, 1988.

_____. *Lector in Fabula* [1979]. Paris: Grasset, 1985.

_____. *Trattato di semiotica generale*. Milan: Bompiani, 1975.

ENZYKLOPÄDIE DES MÄRCHENS. Berlin; New York: Walter de Gruyter, 2002. v. 10, n. 2, p. 1331-1336.

FONTANIER, P. *Les Figures du discours* [1830]. Paris: Flammarion, 1968.

GENDRE, A. *Evolution du sonnet français*. Paris: PUF, 1996.

GENETTE, G. Le genre comme œuvre. *Littérature*, v. 106, p. 107-117, 2001.

_____. *Palimpsestes*. Paris: Seuil, 1982.

GOUVARD, J.-M. *Recherches sur la métrique interne du vers composé dans la seconde moitié du dix-neuvième siècle*. Thèse de doctorat nouveau régime, Nantes, 1994.

GUENTCHEVA, Z. *L'énonciation médiatisée*. Louvain: Peeters, 1996.

HEIDMANN, U. *Textualité et intertextualité des contes*. Paris: Classiques Garnier, 2010. (Lire le XVIIe siècle.)

_____. Comment faire un conte *moderne* avec un conte *ancien*? Perrault en dialogue avec Apulée et La Fontaine. *Littérature*, v. 153, p. 19-35, 2009a.

HEIDMANN, U. Quel apport du comparatisme pour l'étude des cultures? L'exemple du *Petit Chaperon rouge*. In: SOUILLER, D. (Éd.). *Littérature comparée et etudes culturelles*. Paris: Editions du Murmure [à paraitre], 2009b.

_____. *La Barbe Bleue* palimpseste. *Poétique*, v. 154, p. 161-182, 2008.

_____. Raconter autrement. Vers une poétique de la différence dans les *Contes* d'Andersen. In: M. AUCHET (Éd.). *(Re)lire Andersen*. Paris: Klincksieck, 2007. p. 103-121.

_____. Épistémologie et pratique de la comparaison différentielle. In: M. BURGER; C. CALAME (éds.). *Comparer les comparatismes*. Paris: Edidit; Milan: Archè, 2006. p. 141-159.

_____. Comparatisme et analyse de discours. La comparaison différentielle comme méthode. In: ADAM, J.-M.; HEIDMANN, U. (Éds.). *Sciences du texte et analyse de discours*. Genève: Slaktine, 2005. p. 99-118.

_____. *Poétiques comparées des mythes*. Lausanne: Payot, 2003a.

_____. (Ré)écritures anciennes et modernes des mythes: la comparaison pour méthode. L'exemple d'Orphée. In: *Poétiques comparées des mythes*. Lausanne: Payot, 2003b. 47-64.

_____. Mythologie et mythos. In: *Reallexikon der deutschen Literaturwissenschaft*, Neubearbeitung des Reallexikons der deutschen Literaturgeschichte gemeinsam mit G. Braungart, K. Grubmüller, J.-D. Müller, F. Vollhardt und K. Weimar hrsg. v. H. Fricke. Berlin; New York: De Gruyter, 2000. p. 660-668.

_____; ADAM, J.-M. Text Linguistics and Comparative Literature: Towards an Interdisciplinary Approach to Written Tales. Angela Carter's Translations of Perrault. In: MILLER, D. R.; TURCI, M. (Éds.). *Language and verbal art revisited*: Linguistic Approaches to the Study of Literature. London: Equinox, 2007. p. 181-196.

HOLBEK, B. Hans Christian Andersen's Use Of Folktales. In: NØJGAARD, M. (Ed.). *The telling of stories. approaches to a traditional craft*. Odense: Odense University Press, 1990. p. 165-177.

JAKOBSON, R. *Questions de poétique*. Paris: Seuil,1973.

_____. *Essais de linguistique générale*. Paris: Minuit, 1963.

JACKSON, J. E. *La Mort Baudelaire*. Neuchâtel: La Baconnière, 1982.

JOLLES, A. *Formes simples* [1930]. Paris: Seuil, 1972.

KARST, R. Kafkas: Prometheussage oder das Ende des Mythos. *Germanic Review*, Washington, DC: Heldref Publications, v. LX, n. 2, p. 42-47, 1985.

KLEIBER, G. *Nominales*: essais de sémantique référentielle. Paris: A. Colin, 1994.

LAWLER, J. Sur un parfait ensemble. In: S. MURPHY (Éd.). *Lecture des* Fleurs du Mal. Rennes: P.U. de Rennes, 2002. p. 35-43.

_____. *Poetry and Moral Dialectic*: Baudelaire's "Secret Architecture". Londres: Associated University Presses, 1997.

LEGALLOIS, D. Des phrases entre elles à l'unité réticulaire du texte. *Langages*, v. 163, p. 56-70, 2006.

LONGIN, D. [pseudo]. *Traité du sublime*. Traduction de Boileau de 1674. Paris: Librairie générale française, 1995. (Le livre de poche; Bibliothèque classique.)

MAINGUENEAU, D. *Le discours littéraire*. Paris: A. Colin, 2004a.

_____. Retour sur une catégorie: le genre. In: ADAM, J.-M.; GRIZE, J.-B.; ALI BOUACHA, M. (Éds.). *Texte et discours*: catégories pour l'analyse. Dijon: Editions Universitaires de Dijon, 2004b. p. 107-118.

_____; PHILIPPE, G. *Exercices de linguistique pour le texte littéraire*. Paris: Nathan, 1997.

_____. *Nouvelles tendances en analyse du discours*. Paris: Hachette, 1987.

MESCHONNIC, H. *Poétique du traduire*. Paris: Verdier, 1999.

_____. Les grandes traductions européennes, leur rôle, leurs limites; problématique de la traduction. In: DIDIER, B. (Éd.). *Précis de littérature européenne*. Paris: PUF, 1998. p. 221-239.

MOLINO, J.; GARDES-TAMINE, J. *Introduction à l'analyse de la poésie*. Paris: PUF, 1988. v. II.

MONTE, M. *Ô + SN* entre apostrophe et exclamation dans les textes poétiques. In: *Nominations, noms propres, termes d'adresse*. Actes du colloque Babel. Toulon: Éditions des Dauphins, 2005. p. 45-68.

NOJGGARD, M. *La Fable antique*, Copenhague: [e.d.], 1964.

NØLKE, H. *Le Regard du locuteur*. Paris: Kimé, 2001. v. 2.

NUITEN, H. *Les variantes des "Fleurs du Mal" et des "Épaves" de Charles Baudelaire (1821-1867)*: étude de génétique stylistique. Amsterdam: APA-Holland University Press, 1979.

PAVEAU, M.-A. *Les prédiscours. Sens, mémoire, cognition.* Paris: Presses de la Sorbonne Nouvelle, 2006.

PETITAT, A. Échange symbolique et historicité. *Sociologie et sociétés*, v. XXXI, n. 1, p. 93-101, 1999.

_____. *Secret et formes sociales.* Paris: P.U.F., 1998.

_____. Secret et morphogenèse sociale. *Cahiers internationaux de Sociologie*, v. CII, p. 139-160, 1997.

POLI, S. *Histoire(s) tragique(s)*: Anthologie / Typologie d'un genre littéraire. Fasano: Schena; Paris: Nizet, 1991.

POMMIER, J. *Dans les chemins de Baudelaire.* Paris: Corti, 1945.

PRAT, M.-H. L'apostrophe dans "Les Fleurs du Mal". *L'information grammaticale*, p. 18-22, 39-43, 1989.

PROPP, V. *Morphologie du conte.* Paris: Seuil, 1970.

RATERMANIS, J.-B. *Étude sur le style de Baudelaire d'après "Les Fleurs du mal" et les "Petits Poèmes" en prose.* Bade: Art & Science, 1949.

RICHTER, M. *Baudelaire.* Les Fleurs du Mal; lecture intégrale. Genève: Slatkine, 2001. v. 1.

ROBERT, M. *Kafka. Livre de lecture.* Paris: Grasset, 1977. (Livre de poche; Biblio-essais, 4007.)

_____. Paris: Gallimard, 1960.

RUFF, M. A. *Baudelaire.* Paris: Hatier, 1966. (Connaissance des Lettres).

RUWET, N. Parallélismes et déviations en poésie. In: KRISTEVA, J.; MILNER, J.-C. RUWET, N. (Éds.). *Langue, discours, société*: pour Emile Benveniste. Paris: Seuil, 1975. p. 307-351.

SARTRE, J.-P. Explication de *L'etranger*. In: *Situations* [1943]. Paris: Gallimard, 1947. v. I, p. 120-147.

SCHAEFFER, J.-M. Genres littéraires. In: O. DUCROT; J.-M. SCHAEFFER (Éds.). *Nouveau dictionnaire encyclopédique des sciences du langage*. Paris: Seuil, 1995. p. 504-529.

_____. *Qu'est-ce qu'un genre littéraire?* Paris: Seuil, 1989.

SØRENSEN, P. E. La peine de cœur du langage : l'univers et le langage des adultes et des enfants dans les Contes d'Andersen. In : AUCHET, M. (éd.). *(Re)lire Andersen*. Paris: Klincksieck, 2007. p. 39-59.

STADLER, U. Subversive Arbeit am Mythos; Kafkas Beziehung zur Antike und die fünf "Sagen" vom Prometheusmythos. In: EHRICH-HAEFELI, V.; SCHRADER, H.-J.; M. STERN (Éds.). *Antiquitates Renatæ*. Würzburg: Königshausen & Neumann Verlag, 1998. p. 271-283.

STAROBINSKI, J. *Les mots sous les mots*: les anagrammes de Ferdinand de Saussure. Paris: Gallimard, 1971.

STIERLE, K. Mythos als *Bricolage* und zwei Endstufen des Prometheusmythos. In: MANFRED FUHRMANN, hrsg. v. *Terror und Spiel*; Probleme der Mythenrezeption. München: W. Fink Verlag, 1971. p. 455-472.

TODOROV, T. *Genres in discourse*. Cambridge: Cambridge University Press, 1990.

_____. *M. Bakhtine*; le principe dialogique. Paris: Seuil, 1981.

_____. *Les genres du discours*. Paris: Seuil, 1978.

TOMACHEVSKI, B. V. Thématique. In: TODOROV, T. (Éd.). *Théorie de la littérature* [1925]. Paris: Seuil, 1965.

TUCKER, E. Geist im blauen Licht. In: *Enzyklopädie des Märchens. Handwörterbuch zur historischen und vergleichenden Erzählforschung*. Berlin; New York: De Gruyter, 1977. v. V, p. 928-933.

VEYNE, P. Entre le mythe et l'histoire. *Diogène*, n. 113, 1981.

VIPREY, J.-M. Structure non-séquentielle des textes. *Langages*, v. 163, p. 71-85, 2006.

_____. *Analyses textuelles et hypertextuelles des* Fleurs du Mal. Paris: Champion. 2002.

_____. Pour un traitement textuel de l'allitération. *Semen*, v. 12, 2000. Disponível em: <http://semen.revues.org/document1933.html>. Acesso em: 3 jun. 2001.

_____. *Dynamique du vocabulaire des* Fleurs du Mal. Paris: Champion, 1997.

VIVIER, R. *L'Originalité de Baudelaire*. Bruxelles: Palais des Académies, 1926.

WEINRICH, H. *Léthé*: Art et critique de l'oubli [1997]. Paris: Fayard, 1999.

ZIMA, P. Vers une déconstruction des genres. In: DION, R.; FORTIER, F.; HAGHEBAERT, E. (Éds.). *Enjeux des genres dans les écritures contemporaines*. Québec: Nota Bene, 2001. p. 29-46.

ZIPES, J. *The Trials and Tribulations of Little Red Riding Hood*. London/New York: Routledge, 1993.

ZUFFEREY, J. *Le Discours fictionnel*; généricité et fictionnalité des nouvelles de J.-P. Camus. Bruxelles: Peeters, 2006.

ZUFFEREY, J. De l'occasionnel au sériel: les histoires tragiques de J.-P. Camus. *Variations*, Berne, Peter Lang, Université de Zurich, v. 7, p. 75-87, 2001.

_____. Fiction et vérité dans les nouvelles de J.-P. Camus. *Poétique*, v. 124, p. 475-484, 2000.

_____. Entre littérature profane et exercice spirituel: J.-P. Camus. *L'amant sacrilège*. *XVIIe siècle*, v. 196, p. 531-547, 1997.

GRÁFICA PAYM
Tel. (011) 4392-3344
paym@terra.com.br